통역사들은
어떻게
어학의 달인이
되었을까?
시즌 2

프롤로그

עַל־כֵּן קָרָא שְׁמָהּ בָּבֶל כִּי־שָׁם בָּלַל יְהוָה שְׂפַת כָּל־הָאָרֶץ
그 이름을 바벨이라 하니 이는 여호와께서 거기서 온 땅의 언어를 혼잡하게 하셨음이니라
(창세기 11:9)

καὶ ἐπλήσθησαν πάντες πνεύματος ἁγίου καὶ ἤρξαντο λαλεῖν ἑτέραις γλώσσαις καθὼς τὸ πνεῦμα ἐδίδου ἀποφθέγγεσθαι αὐτοῖς.
그들이 다 성령의 충만함을 받고 성령이 말하게 하심을 따라 다른 언어들로 말하기를 시작하니라
(사도행전 2:4)

언어가 혼잡해진 원인이 되는 사건과 통일된 사건을 기록한 성경구절이다. 바벨탑은 신의 경지에 이르려는 오만한 본성이 구현된 것이나 신은 이를 방관하지 않고 언어를 혼잡하게 하여 건설을 중단시켰다. 하지만 신약시대의 사도들은 오순절에 임한 성령을 체험한 후 잠깐이나마 서로 다른 언어를 구사했다고 한다. 현장에 있던 이방인들은 자신에게 익숙한 언어가 외국인의 입에서 유창하게 나오고 있다는 데 놀라움을 금치 못했을 것이다.

언어가 바벨탑 사건 때문에 나누어졌다는 주장은 진위가 분명하지 않지만(언어가 70개로 갈라졌다는 기록은 바벨탑 사건 이전인 창세기 10장에 기록되어 있기 때문) 어쨌든 본문은 언어적 소통이 원활하지 않을 때 생기는 참담한 결과를 여실히 보여주고 있다.

언어는 소통의 매개체이고 소통은 곧 확산으로 이어진다. 같은 종교와 기업이 해외에서 어렵지 않게 만날 수 있게 된 것도 언어의 소통이 이루어낸 결실로 봄직하다.

이 책을 쓴 작가들 또한 소통과 확산의 중심에 서있는 현역 통역사로, 반기문 전 유엔사무총장 전담 통역사를 비롯하여 천재 피아니스트 이사도라 킴(김지은), 통역대학원 현직 교수에 이르기까지 모두가 외국어의 달인이라 해도 어디 하나 흠잡을 데 없는 위인들이다.

통역사는 언어구사력도 중요하지만 순발력과 담력 또한 타의 추종을 불허한다. 고위공직자나 정상들이 회동하는 자리뿐 아니라 전 세계의 이목이 집중되는 회담에서 뉘앙스만 빗나가도 언론의 표적이 될 수 있으니 말이다. 예컨대, 조지 W 부시 대통령과 노무현 대통령이 만난 자리에서 통역사가 (노 대통령을) 편한 상대를 "쉬운 상대 easy partner"라 통역하여 국제적 망신을 당한 사례는 알만한 사람은 다 아는 사실이다.

새해가 되면 다이어트에 버금가는 소원이 바로 '외국어 마스터'일진대 전문가는 많지만 통역사만큼 실력이 공인된 사람은 많지 않을 듯하여 현직 통역사를 다시 섭외했다. 외국어를 어떻게 습득해야 좋을지 방향을 잡지 못했다면 이들의 경험에 귀를 기울이라. 여기서 인사이트를 찾아낸다면 2019년과는 다른 2020년을 보낼 수 있을 것이다.

발행인 유지훈

통역사들은 어떻게 어학의 달인이 되었을까?

Season 2

───────────────

김병두   이주아   김지은   이주연   김원아
곽은경   최승호   문소현   오현숙

CONTENTS

English
Le français
español
Deutsch
русский
中文
日本語

일러두기 작가명 아래 경력은 통역이 대다수이므로 '통역'은 생략했다

프롤로그

통역사의 정공법

번역으로 독해력 끌어올리기	김병두	011
독일어를 잘하고 싶다면 리스닝부터	김원아	049
고급 단계로 도약하는 길	곽은경	069
러시아어의 매력 속으로	김지은	089
외국어 학습의 진심과 꾸준함	문소현	105
중국어 프레임을 장착하라	이주아	123
직업으로서의 통역사	이주연	165
외국어 실력을 올리기 위한 17가지 조언	오현숙	199
한영번역의 접근법	최승호	219

김병두

한국외대 영어과
한국외대 통번역대학원 한영과

한국외대 BK21통번역특화사업단연구원
한국외대 통번역대학원 영한번역강의
한국외대 통번역센터 사무국장
한국외대 통번역센터 한영과 번역팀장
김병두 영어번역학원 원장

> 전천후로 적용할 수 있는
> '범용 독해력'을 기르라

번역으로 독해력 끌어올리기

'영어를 잘한다'는 기준을 두고는 여러 시각이 있겠지만 필자는 특히 '독해력'을 강조하고 싶다.

어릴 적부터 영어가 모국어인 나라에 가서 오랜 기간 노출된 경우를 제외하면 한국인들은 영어를 배우는 과정이나 공부하는 습관이 대개 비슷하다. 이를테면, 초등학교나 중·고등학교 시절 교실영어를 시작으로 다양한 영어시험을 치르고 이 과정에서 영어 때문에 온갖 고민과 스트레스로 골머리를 앓게 된다. 중·고등학교에 진학해서는 대부분 내신공부와 대입시험에 치중하다가 성인이 돼서야 비로소 말하기나 듣기, 혹은 글쓰기의 중요성을 깨닫는 경우가 많다. 정말 필요해서 말이다.

물론 영어의 모든 영역이 중요하겠지만 성인이 되어 말하기와 듣기 및 쓰기를 잘하려면 우선 '읽기'라는 기본기가 탄탄해야 한다. 실제로 청취력을 향상시키기 위해서도 소위 독해력은 필수다.

여기서 '독해력' 즉, 읽기능력이란 빠른 속도로 읽을 수 있는 속독력과 어감까지도 정확하게 파악하고 감상할 수 있는 이해력을 일컫는다. 독해력은 글을 읽고 이해하는 능력으로서만 중요한 것이라 아니라 청취력을 향상시키기 위해서도 반드시 필요하다. 청취의 궁극적인 역량은 메시지를 들으면서 이해하고 정리하는 능력인데, 이때 듣고 이해하는 능력은 문장을 읽고 이해하는 것과 방식만 다를 뿐 원리는 같기 때문이다.

더군다나 거의 모든 영어시험에서 가장 큰 비중을 차지하는 영역 또한 독해력이다. 대학입학을 위한 수능시험에서부터 지문의 난이도가 높기로 유명한 편입시험, 공무원시험, 임용시험이나 각종 입사시험, 토플TOEFL, 토익TOEIC, 텝스TEPS 등의 영어능력측정을 위한 공인시험, 그리고 미국의 대학이나 대학원 진학을 위한 SAT, GRE, GMAT, LSAT 등을 비롯한 거의 모든 영어시험에서도 단연 독해력의 비중이 가장 크다.

물론 시험은 난이도와 형식면에서 아주 큰 차이가 있다. 비교적 단순한 사지선다형 객관식을 비롯해, 객관식이기는 하나 GRE와 GMAT, LSAT처럼 정답을 맞히기가 매우 어렵고 정교한 논리가 필요한 오지선다형 객관식, 그리고 중등교사 임용시험처럼 기입형, 서술형, 요약형 등으로 나누어 서술해야 하는 주관식 문제도 있다. 이처럼 문제유형이 다르기 때문에 흔히 시험을 준비하는 수험생들은 자신이 볼 시험에 맞추어 해당 시험을 준비하는 데 가장 적합하다고 생각하는 강의를 듣거나 수험서를 보게 된다.

당장 몇 달 뒤에 시험을 치러야 하는 탓에 점수를 높이는 데만 치중한다면 유형에 가장 적합한 수험서나 모의고사 문제집을 공부하는 편이 나을지도 모른다. 하지만 그러다 보니 실력 자체를 기르기보다는 시험의 감만 익히는 공부만 고집하게 되는 것이다. 그러면 한 동안 준비했던 시험과 유형이 다른 시험을 보게 되면 새로운 유형에 다시 익숙해져야 하는 문제가 발생한다. 때문에 발상을 바꾸어 모든 영어시험에 공통적인 독해력을 탄탄하게 키워놓고 난 후 이 실력을 바탕으로 시험을 대비하는 것이 오히려 좋은 방법일 수 있다. 그럴 수 있다면 어떤 시험이든 훨씬 효과적으로 준비할 수 있을 뿐 아니라 유형이 다른 시험에서도 훨씬 수월하게 적응해 원하는 성과를 얻을 수 있을 것이다.

그렇다면 시험의 종류를 막론하고 독해력이 상당히 큰 비중을 차지하는 시험에 공통적으로 적용할 수 있는 능력, 즉 '범용 독해력'을 키울 수 있는 방법은 무엇일까?

우선, 그동안 영어로 된 글을 읽을 때 잘못 익힌 습관이나 공부법을 버리고 새로운 시각에서 제대로 된 공부법을 익히는 것이 중요하다.

독해를 고민하는 사람들은 글의 논리적 전개와 흐름을 정확하게 파악하고 요약·정리하며 읽는 연습이 부족한 경우가 많다. 대개 이런 문제는 잘못된 습관을 바꾸지 않고 같은 방식을 계속 고집해온 탓이 크다. 그러다 보니 시간과 노력은 쏟아 부었지만 실력이 향상되었다는 느낌이 들지 않는 것이다. 그럼 잘못된 습관을 간단히 짚어보고 해결책을 생각해보자.

첫째, 문장을 이해할 때 영어의 품사대로 한국어 단어를 집어넣고 '직역'해 생각하는 습관이다. 다시 말해, 문장에 특정한 영어 단어의 일대일 대응어를 그대로 끼워넣고 해석한 다음(직역한 다음) 그 말이 무슨 뜻인지 생각해 보는 식의 해석법이다. 글의 내용이 추상적이라 어렵거나 문장구조가 복잡하면 우리말 구조도 덩달아 복잡해지고 읽는 속도도 떨어지게 된다. 그래서 이해를 못하는 경우가 많은데 이때 흔히들 하는 이야기가 있다.

"해석은 되는데 무슨 말인지 모르겠다"

무슨 뜻인가? 이해를 못했다는 뜻이 아니겠는가? '해석은 된다'는 말은 단어를 기계적으로 넣어 일차적인 직역은 할 수 있을지는 모르나 숨은 뜻이나 메시지는 이해하지 못했다는 것이니 문장을 읽으면서 고개를 끄덕이는 것이 아니라 갸우뚱하게 되는 것이다. 내가 글을 정확하게 읽었는지 확인하고 싶다면 읽으면서 고개를 끄덕이고 있는지 갸우뚱하고 있는지 생각해보면 쉽게 판단할 수 있다. 착각하는 경우도 아주 없진 않겠지만 이런 기준은 대체로 정확한 편이다.

다시 본론으로 돌아가서, 다음 예문을 읽어보자.

"Ignorance of the law is no excuse."

'법의 무지가 변명이 될 수는 없다'로 해석하는 것이 아니라 '법을 모른다고 해서 핑계거리가 될 수는 없다'고 옮기는 것이 더 정확하다. 흔히 우리는 문장에서 단어가 주어 자리에 있으면 무조건 '은/는/이/가'라는 한국어 조사 중 하나를 미리 넣고 생각하는 습관이 있다. 이 습관이 문장에 대한 이해를 가로막는 경우가 허다하다. 위 문장의 주어도 단순히 '주어'로 간주하기보다는 "법을 모른다고 해서"라고 부사처럼 처리하면 훨씬 자연스럽게 이해할 수 있다.

위 문장에서 'of'는 언뜻 보기에는 소유격의 'of'와 같아서 기계적으로 '~의'라고 옮기면 될 것 같지만 사실 의미상으로는 '모른다'는 동사적 성격을 가진 명사 'ignorance'의 대상인 'the law'를 연결해 주는 목적격의 성격을 가지고 있다 (자세한 내용은 『나만 알고 싶은 영어의 비밀_NOMINALISM』이나 『명사독파』 참조—편집자주).

위 문장을 다른 문장으로 바꾸어 보면 아래와 같다.

= Even though you are ignorant of the law, there is no excuse for that.
= Even though you do not know about the law, it cannot be used as an excuse.

다음 문장도 이치는 같다.

There is a lot of public ignorance about how the disease is spread.

"그 질병이 어떻게 퍼져 나가는지에 대한 많은 대중의 무지가 있다"라는 식으로 해석해놓고 생각하기보다는 "병의 전염경로를 모르는 사람이 많다"라고 이해하면 훨씬 더 생생하게 이해할 수 있다.

위 문장의 공통점은 사물이 주어가 된다는 것이다. 소위 '물주구문'이라는 용어로도 많이 회자되고 있는 유형인데 이때는 주어를 우리말의 주어로 간주하지 말고 부사적으로 해석하는 것이 좋다.

그럼 이번에는 주어가 조금 더 긴 문장을 살펴보자.

Failure to submit assignments by the due date will result in an automatic failing grade.

His failure to return her phone call made her realize that something was wrong.

위의 두 문장에서 첫 번째 문장의 주어는 'Failure to submit assignments by the due date'이고 두 번째 문장은 'His failure to return her phone call'이다. 주어는 조금 더 길어졌지만 문장을 어떤 방식으로 이해해야 할지 쉽게 알 수 있을 것이다. 주어를 부사적으로 처리해보라.

Failure to submit assignments by the due date will result in an automatic failing grade.
제 날짜에 숙제를 제출하지 못하면 자동으로 낙제점수를 받게 된다.

His failure to return her phone call made her realize that something was wrong.
그가 전화를 해주지 않자 그녀는 문제가 있다는 것을 깨달았다.

이런 문장을 읽을 때는 항상 주어와 동사의 관계를 보고 아이디어를 정리해야 한다.

조금 더 복잡한 문장을 보자.

Concern about the effects of global warming has fostered renewed interest in the Earth's recurrent ice ages.

주어는 'Concern about the effects of global warming'이다. 이를 먼저 처리해야 한다. 단순히 명사구로 된 주어지만 여기에는 '지구온난화의 결과를 우려하고 있다'는 서술적 의미가 담겨있다. 하나의 문장으로 만들자면 'Many people are concerned about the effects of global warming'으로 풀이할 수 있겠다. 동사구는 'has fostered.' 즉, A has fostered B라는 단순한 구조로 3형식 문장이다.

그럼 문장을 한 눈에 이해하려면 어떻게 처리해야 할까? '지구온난화의 여파에 대한 우려가 커지면서 지구에 빙하기가 다시 올 수 있다는 가능성을 두고 관심이 높아지고 있다'로 생각하면 번역도 훨씬 자연스러워질 것이다.

이번에는 난이도를 더 높여 아주 복잡해 보이는 문장을 읽어보자.

The attempt to conceive imaginatively a better ordering of human society than the destructive and cruel chaos in which mankind has hitherto existed is by no means modern: it is at least as old as Plato, whose "Republic" set the model for the Utopias of subsequent philosophers.

장황하지만 독해를 공부하는 데 시사하는 바가 큰 문장이다. 언뜻 보면 아주 복잡해 보이고 명료하게 이해하기 힘든 문장처럼 보인다. 이 문장은 일대일 대응어를 끼워넣는 단순한 직역으로는 이해할 수 없으나, 글의 구조를 보고 논리적으로 차근차근 풀어나간다면 충분히 이해할 수 있다.

'The attempt to conceive imaginatively a better ordering of human society than the destructive and cruel chaos in which mankind has hitherto existed'까지가 주어다. 주부의 의미를 빨리 이해해야 문맥을 짚어나갈 수 있으니 무조건 한국어 단어를 영어의 어순에 끼워넣지 말고 논리적으로 잘 풀어나가야 할 것이다.

우선 'The attempt to conceive ~'는 '~한 것을 생각해보려는 시도'로 생각하고 나서 'a better ordering of human society than the destructive and cruel chaos in which mankind has hitherto existed'라는 구절이 무엇을 가리키는지 살펴봐야 한다.

"인류가 지금까지 살아왔던 파괴적이고 가혹한 혼란상태the destructive and cruel chaos in which mankind has hitherto existed"라는 말은 무엇을 의미할까? 역사적으로 극소수의 특권층이 부와 권력을 장악하고 있던 '불평등한 사회'를 지칭한다는 것을 신속히 간파해야한다. 표면적으로 드러난 단어의 뜻보다 숨은 뜻을 찾아내는 습관을 길렀다면 이를 발견했을 것이다. 그 다음 글에서는 '그보다 더 나은 사회환경a better ordering of human society than'이라 했으니 이는 논리의 흐름상 뒷부분에 나오는 유토피아Utopia를 가리킨다는 것을 알 수 있다. 이처럼 전후맥락으로 의미를 파악하는 것이 무엇보다 중요하다. 또한 'is by no means modern'도 '절대 현대적이 아니다'라고 처리하면 어색하다. 뒷부분에 '거슬러 올라가면 최소한 플라톤의 경우에도 찾아볼 수 있다it is at least as old as Plato'고 했으니 '단지 오늘날에 국한된 것은 아니다'라고 이해해야 한다. 따라서 본문을 우리글로 자연스럽게 옮기면 아래와 같다.

The attempt to conceive imaginatively a better ordering of human society than the destructive and cruel chaos in which mankind has hitherto existed is by no means modern: it is at least as old as Plato, whose "Republic" set the model for the Utopias of subsequent philosophers.

인류가 지금까지 살아왔던 파괴적이고 가혹한 혼란 상태, 즉 불평등한 사회보다 더 나은 사회 환경, 즉 유토피아를 구상해보려는 시도가 단지 오늘날에만 나타난 현상은 아니다. 그러한 구상은 거슬러 올라가면 최소한 플라톤의 경우에도 찾아볼 수 있는데 플라톤이 저술한 『국가론』은 후배 철학자들에게 유토피아에 대한 일종의 모범적 기준을 제시해 주었다.

사실 이 글은 철학자 버트란트 러셀이 공산주의에 대한 자신의 생각을 피력한 부분이다.

이처럼 사물이 주어라거나, 주어가 장황해진 문장은 한국어 단어를 기계적으로 끼워넣고 직역하지 말고 논리적인 구조를 신속히 파악하여 직관적으로 읽어나갈 수 있도록 연습해야 한다.

그렇다면 글을 논리적으로 이해하지 못하고 기계적으로 '직역'하고 나서 다시 '의역'하려는 잘못된 습관을 갖게 된 이유는 무엇일까? 과거의 영어 선생님들을 비롯하여 각종 참고서에 실린 번역도 거의 모두가 그렇게 해석해왔기 때문이다. 이런 고질적인 문제는 지금도 고쳐지지 않고 있다. 초등학생이든 중학생이든 영어를 처음 접할 때 영어와 한국어의 어순이 달라 설명하기가 힘드니 품사를 고정시켜 두고 여기에 한국어 단어를 치환하며 설명하는 것이 편하긴 하다. 하지만 이런 습관은 어느 시점에서인가 바꿔주어야 하는데 여태 이를 고집하고 있으니 글을 제대로 이해하지 못하는 것이다.

또한 영어 참고서도 직역 위주로 글을 옮긴 탓에 내용을 제대로 이해할 수가 없다. 솔직히 참고서의 해석을 보면 번역 관점에서 문제가 많다. 참고서의 번역이 잘 되어야 청소년기부터 영어를 제대로 배울 수 있다.

최근 청소년을 가르치는 영어 선생님과 이 문제를 이야기해보니 영어를 처음 배우는 학생들에게는 품사별로 일대일 대응이 되도록 해석해 주어야 학생이 혼란스러워하지 않는다고 말하더라. 고충은 이해하지만 지금부터라도 한국어와 영어의 차이를 분명히 알고 한국어에 맞게 이해하도록 가르쳐야 한다고 본다.

영어는 사물주어가 발달한 언어이다. 특히 사물주어가 추상적인 데다 장황해지면 문장이 어렵게 느껴지는 경우가 허다하다. 그럴 때는 필자가 설명한 것처럼 의미를 풀어 이해하면 훨씬 쉬워진다. 시각을 바꾸면 길고 어려운 문장도 훨씬 빨리 이해할 수 있다.

기자가 외신기사를 우리글로 옮길 때도 그렇다. 원문을 엉뚱하게 번역해 한국어가 어색해진다거나 의미만 겨우 파악할 수 있다거나, 혹은 중대한 오역이 난무하는 경우도 더러 있다. 예컨대 오바마 대통령의 퇴임연설문 중 "You made me a better president."라는 대목이 있었다. 일부 신문에서는 이 문장을 "당신들이 나를 더 나은 대통령으로 만들었다"라고 옮긴 적이 있다. 신문의 속성상 속보를 내보내야 하기 때문에 그렇다고 이해해 줄 수도 있지만 이는 직역식의 독해 습관을 여실히 보여준 사례다.

누가 보아도 어색한 한국말은 영어를 품사대로 직역하는 습관이 남아있다는 방증이다. "국정을 운영하면서 제가 조금이라도 잘한 것이 있다면 그건 모두 국민 여러분 덕분이다"라고 옮기면 어떨까? 동영상의 자막번역처럼 글자 수의 제약이 있다면 더 줄여서 "모두가 국민 여러분 덕분이다"라고 처리할 수도 있다. 이처럼 사소해 보이는 문장 하나에도 다양한 시각이 있을 수 있다는 것을 깊이 생각해 본다면 문장을 보는 눈도 달라질 것이다.

앞서 언급한 원리만 알아도 사물주어가 나오는 복잡한 문장이 전처럼 어렵게 느껴지진 않을 것이다. 지금까지 여러분이 공부해 온 글 중에서 이해가 잘 안 되었던 부분이 있다면 혹시 직역을 했기 때문은 아닌지 다시 살펴보라. 시각을 달리하면 풀리지 않았던 문제가 풀릴 수도 있다.

둘째, 영한사전에 의존하는 것도 잘못된 습관이다. 앞서 밝힌 바와 같이 가장 먼저 고쳐야 할 습관으로 지적한 기계적 직역 습관뿐 아니라 차후에 언급할 습관(어휘를 익힐 때 영단어와 일대일 대응어만 함께 외우는 습관)도 이와 관계가 깊다. 이 세 가지 습관을 고치지 않으면 제대로 된 실력을 키울 수 없다.

영어를 처음 배울 때는 어쩔 수 없었을지 몰라도 일정 시점이 지나면 영영사전을 자주 보는 습관을 길러야 영어로 된 글을 좀더 쉽게 이해할 수 있다. 영영사전을 많이 보는 사람은 어감을 익히고 활용 능력을 높이는 데 영영사전이 훨씬 유용하다는 것을 아는 반면, 영영사전이 아직 익숙지 않은 사람들은 사전의 설명을 정확히 이해하는 데 부담을 느끼고, 영어로 된 설명을 한국말로 어떻게 표현해야 할지 모른다는 생각에 이를 기피하는 경우가 더러 있다. 그러다 보면 영영사전과는 점점 거리가 멀어지게 될 것이다.

영어에 대한 직관력은 영영사전을 찾아보는 과정에서 길러지기도 한다. 아울러 영영사전을 자주 살펴보는 것 자체가 독해력을 키우는 과정이기도 하다. 다양한 영영사전의 정의를 빨리 판단해야 하고 정의를 다른 말로 바꾼 paraphrasing 예문을 읽다보면 이해력도 키우고 표현력도 키울 수 있기 때문이다.

다음 예문을 보자.

"He was defined by his passions."

이런 문장이 나오면 흔히들 '직역'하고 난 뒤 문장의 뜻을 이해하려 한다. 이를테면, '그는 그의 열정에 의해 정의된다'라는 식으로 우리말 어구를 치환한다는 것이다. 'define'을 보는 순간 '정의하다'라는 영한사전의 1차적인 대응어가 가장 먼저 떠오르기 때문이다. 'define' 같이 쉬워 보이는 단어는 아는 단어라고 생각하기 때문에 영영사전을 찾아볼 리는 만무하다. 하지만 '그는 그의 열정에 의해 정의된다'라는 문장은 의미가 금방 와 닿는 말은 아니다. 그러니 '해석'은 되는데 '이해'가 안 된다는 느낌이 남아있게 되는 것이다. 이는 직역식으로 한국말을 끼워넣어 순서대로 배열은 했지만 무슨 의미인지는 금방 이해가 되지 않는다는 점을 두고 하는 말이다.

위 문장을 이해하기 쉽게 옮기자면 아래와 같이 다양한 번역이 가능하다.

"그 사람의 열정은 그 사람의 진면목을 보여준다"
"그 사람은 열정이라면 누구에게도 지지 않는다"
"그 사람은 열정의 화신이다"
"그 사람은 진짜 열정적이다"
"그 사람은 열정을 빼면 시체다"

실제로 learnersdictionary.com에서는 이 문장을 가리켜 'his passions showed what kind of person he was'라 서술하고 있다. 즉, '그 사람의 열정을 통해 진정한 그의 모습을 볼 수 있다'는 것이다. 영영사전은 'define'을 'to show or describe (someone or something) clearly and completely'라 정의하기도 한다.

또한 'It is his work that really defines him'이라는 예문도 '그 사람의 작품을 보면 그의 진면목을 볼 수 있다'라고 옮겨야 가장 한국어답지 않을까 싶다. 필자의 자의적인 판단이 아니라 영영사전에서 그렇게 설명하고 있기 때문에 타당한 번역이라 확신하는 것이다.

영영사전의 중요성을 언급한 김에, 익히 알고는 있지만 오해할 여지가 있는 단어 몇 가지를 영영사전에서 찾아 진의를 살펴볼까 한다.

다음은 'be about something'이라는 표현을 보여주는 예문이다. 단순히 '~에 관한 것이다'라고 직역해서는 의미가 잘 통하지 않는다.

Good management is all about motivating your staff.
A good marriage is all about trust.

위 두 문장은 어떻게 이해하는 것이 가장 정확할까?
첫 번째 문장은 '경영에서 가장 중요한 것은 직원들이 의욕적으로 일할 수 있는 환경을 만들어 주는 것이다'이고 두 번째 문장은 '결혼에서 가장 중요한 것은 서로에 대한 신뢰이다'라고 옮길 수 있다. 두 번째 문장은 영어로 다시 표현하면 'Trust is the most important part of a good marriage'라 할 수 있다.

영업의 본질을 설명한 글도 보자.

Sales is not about selling anymore, but about building trust and educating.

문장을 직역하면 어떻게 될까?

'영업은 더 이상 파는 것에 관한 것이 아니라 신뢰를 구축하고 교육하는 것에 관한 것이다'라고 번역하면 어느 정도 유추는 할 수 있겠지만 제대로 된 한국어 문장이라고는 볼 수가 없다. 직역단계에만 머문다면 '해석은 되는데 이해가 안 된다'며 고개를 갸우뚱하게 될 터이나, 문장을 보자마자 '영업이 그냥 물건만 판다고 끝나는 것이 아니라 고객과의 신뢰를 쌓고 또 고객이 제품이나 서비스에 대해 유익한 정보를 알 수 있도록 도와주는 것'이라는 의미까지 이해해야 고개를 끄덕이며 읽을 수 있는 것이다.

영영사전은 이해를 돕기 위해 이 구문을 친절하게 설명한다. 예컨대, macmillandictionary.com에서는 'be about something'을 아래와 같이 정의하고 있다.

* *be about something*: used for saying what the most basic or important aspect of a particular job, activity, or relationship is

다음 문장도 보자.

She helped him put his life in proper perspective.
Seeing how difficult their lives are has really put my problems into perspective.

위의 두 문장은 어떻게 이해해야 할까? 첫 번째는 '그녀 덕분에 그는 자신의 삶에 대해 제대로 조망해 볼 수 있게 되었다'이고 둘째는 '그들이 얼마나 힘든 삶을 살고 있는지 보고 나니 나의 문제점도 넓은 시야를 가지고 바라볼 수 있게 되었다'고 번역할 수 있다.

macmillandictionary.com에서는 'perspective'를 이렇게 설명하고 있다.

* *perspective*: a sensible way of judging how good, bad, important etc something is in comparison with other things.

영영사전의 정의가 처음에는 어려워 보이지만 예문을 많이 보면 비교적 쉽게 이해할 수 있다. 그래서 영영사전을 볼 때는 반드시 예문을 읽어야 한다.

'society'는 어떤가? 헨리 데이비드 소로 Henry David Thoreau의 『월든 Walden』 중 'Solitude'에 관한 글에서 작가는 …

I experienced sometimes that the most sweet and tender, the most innocent and encouraging society may be found in any natural object.

라고 한다. 이 문장에서는 'society'를 '사회'라고 옮기면 안 된다. 본문에서는 '함께 있는 상태' 즉, 자연과의 조화를 의미하기 때문이다. 자연스럽게 한국어로 옮기면 이렇다.

"나는 가끔 자연 속에 있을 때 가장 다정다감하고 가장 순수하고 기분 좋은 벗과 함께 하는 느낌을 가진다."

여기서 'society'는 'the company or friendship of other people'의 뜻이다. 'company'도 의미가 비슷하다. 예컨대, 다음 문장을 보라.

I turned the radio on for company.

위 문장은 '심심해서 라디오를 틀었다'는 뜻이다. 즉, 'so that I wouldn't be lonely'로 바꾸어 쓸 수 있다.

예문을 더 보자.

If you're confused about the new system, you're in good company.

'너만 새로운 시스템이 헷갈리는 건 아니다'라는 뜻이다. 본문도 'other people are also confused'라 바꾸어 쓸 수 있다.

'social'도 단순히 '사회적인'으로 직역하지 말고 영영사전에서 정의하고 있는 것처럼 'liking to be with and talk to people'이나 'happy to be with people'의 의미로 미루어 보면 'He is a social drinker'나 'He only drinks socially'라는 문장을 볼 때 '그 친구는 술을 좋아하지는 않지만 분위기상 한두 잔은 할 줄 안다'라고 이해할 수 있다. 시쳇말로 '혼술'은 안 한다는 뜻이다.

영영사전에서는 'he only drinks alcohol at parties and other social events'라 풀이하고 있다. 아울러 'This is not a social call. I'm afraid I have some bad news'라는 예문도 '그냥 놀러 온 것이 아니고 실은 좋지 않은 소식이 있어서 왔다"는 뜻이다.

다음 예문도 영영사전의 중요성을 잘 보여준다.

You want to be careful, I think you've drunk too much.
조심하는 것이 좋겠어 너무 많이 마셨다

You don't want to go there alone.
혼자는 가지마

예문에서 볼 수 있듯이, 영영사전을 보면 'you want to'는 '~하라'고 조언하는 말이고 'you don't want to'는 '하지 말라'며 경고하는 표현이다. 영영사전에서는 이를 자세히 설명하고 있다.

You want to/you don't want to do something:
used for advising or warning someone that they should/should not do something

또한 'dynamic'을 명사로 사용하면 변화나 결과를 초래하는 요인을 의미한다.

dynamic: something that causes change or growth in something else

Disease was a central dynamic in the decrease in population.
질병은 인구를 감소시키는 핵심적인 요인이다

경우에 따라서는 아래의 정의처럼 특정집단 내의 분위기나 관계를 의미하기도 한다.

dynamic: the way that two or more people behave with each other because of a particular situation

이런 관점에서 'the dynamic between a doctor and a patient'는 '의사와 환자 사이의 관계'를 말하고 'the teacher-student dynamic'은 사제관계를 말

하는 반면, 'The dynamics of this class are different from those of other classes'는 '이 반의 분위기는 다른 반의 분위기와 차이가 있다'라고 이해할 수 있다.

그렇다면 영한사전에는 한국말 대응어가 있지만 영영사전에는 대응어가 없는데 어떻게 적절한 한국어를 찾아낼 수 있을까? 앞서 설명한 'dynamic'만 해도 때로는 '요인'이 되기도 하고 때로는 '관계'나 '분위기'라는데 이를 어떻게 찾아내느냐는 말이다.

적절한 한국어를 찾아내는 방법은 먼저 영영사전의 정의로 단어의 의미를 이미지로 익히고 예문을 읽으면서 스스로 빈칸을 채우는 퀴즈를 푼다고 상상하면 된다.

예컨대 'The dynamics of this class are different from those of other classes.'라는 문장을 읽는다면 '이 반의 ____는 다른 반의 ____와 다르다'라고 생각하면서 '____(빈칸)'에 가장 적합한 표현을 찾으면 되는 것이다. 이런 관점에서 생각해보면 빈칸에 들어갈 한국어는 '분위기'라는 것을 알 수 있다. 이런 연습을 계속하면 첫 단계만으로도 의미를 파악하고 숨은 뜻과 논리도 이해할 수 있는 실력을 갖추게 되리라 자부한다. 직역과 의역으로 두 단계를 거치다 보면 읽는 속도도 떨어지는 데다, 문장이 조금만 추상적이거나 생소한 주제의 글을 보면 '해석은 되는데 이해가 안 된다'는 불만을 토로할 것이다.

세 번째로는 영단어의 일대일 대응어만 따로 외우는 습관을 지적하고 싶다. 첫째는 기계적으로 직역하는 습관이었고 둘째는 영한사전에 지나치게 의존하는 습관을 지적했는데, 이와 더불어 단어를 대하는 태도와 이를 외우는 습관도 고쳐야 한다고 본다.

영어를 공부하다 보면 단어 때문에 고민하는 경우가 많다. 필자도 그랬다. 지금도 모르는 표현을 볼 때마다 고민할 때가 많다.

물론 단어는 매우 중요하다. 구문이 익숙하지 않고 내용도 잘 모를 때는 단어의 의미만 정확히 알아도 내용을 유추하기가 훨씬 쉬워지기 때문이다. 그래서 혹자는 "단어만 알면 독해가 되니 단어만 죽도록 외우라"고 이야기하는 경우도 있다.

그러나 영한사전에서 영단어의 일대일 대응어만 따로 외우거나 아주 까다로운 어휘만 모아 놓은 책(단어장)에서 단어를 들입다 외우는 것은 별 효과가 없다.

지하철을 타거나 버스를 타고 다니다 보면 중고생뿐만 아니라 영어시험을 준비하는 성인도 단어만 따로 외우는 모습을 자주 볼 수 있다. 대개는 종이를 반으로 접어 왼쪽에는 영단어, 오른쪽에는 한국어 대응어를 적어놓고 기계적으로 외우곤 한다. 이는 아주 오래전 필자가 중·고등학교 때 했던 방식과 하나도 차이가 없다.

필자도 그렇게 하면 영어실력이 느는 줄 알고 멋모르고 했다. 실제로 경험해봤기 때문에 그것이 얼마나 무모하고 의미가 없는지 잘 안다. 단어만 외우는 것은 당장은 열심히 하고 있다는 마음에 위안이 될지는 모르지만 효과도 없고 장기적으로는 되레 독이 될 공산이 크다.

장기적으로 '독'이 될 수 있다는 것은 독해가 안 되는 원인이 실은 앞서 지적한 바와 같이 문장을 보는 시각이 잘못되어 있고 단어의 어감(뉘앙스)을 정확하게 파악하지 못해 나타나는 현상인데 이를 단어 때문인 것으로 착각하게 만들기 때문이다. 그래서 단어만 많이 외우면 된다는 착각 때문에 잘못된 습관을 고쳐야 한다는 필요성을 절감하지 못하게 되니 장기적으로는 오히려 독이 된다는 것이다.

난이도가 높은 독해시험에서 원하는 점수를 얻고 더 나아가 좀더 차원 높은 글, 이를테면 『이코노미스트The Economist』나, 『뉴욕타임스New York Times』, 혹은 『뉴요커New Yorker』 등 권위 있는 신문이나 시사 잡지 및 다양한 고전을 원문으로 읽고 싶다면 다양한 글을 많이 읽으면서 배경지식을 많이 늘려야 하는데, 단어만 따로 외우다 보면 읽는 양 자체가 절대적으로 부족하게 되고 단어의 의미를 너무 좁게만 이해해 결국에는 독해력 향상의 발목이 잡힐 것이다.

독해 때문에 고민하고 있는 독자라면 지금까지 지적한 세 가지 습관만 버려도 분명히 달라진 자신을 체감할 것이다.

이번에는 독해력을 향상시킬 수 있는 방법을 모색할 차례다. 본격적인 조언에 앞서, 그릇된 습관을 버리고 기회가 있을 때마다 다양한 수준과 내용의 글을 읽는 습관을 들여야 한다는 점부터 일러두고 싶다. 그럼 재미는 자연스레 따라올 것이다.

첫째, 많이 읽어야 한다. 필자는 다독을 권한다. 독해 때문에 고민하는 사람들은 '정독'과 '다독' 중 어느 쪽이 더 중요한지 묻는다. 물론 두 가지가 모두 중요하지만 구태여 꼽으라면 '다독,' 즉 많이 읽는 것이 중요하다고 본다. 많이 읽다 보면 자꾸 의문이 생기고 이를 해결하는 과정에서 저 나름대로 해결 방안을 찾기 때문이다. 우선 양quantity이 많아야 질quality도 달라지게 마련이다.

이때 영영사전을 많이 찾아보고 모르는 부분이 나오면 최대한 유추한 다음 구글 등에서 이를 수시로 찾아보는 습관을 들여야 한다. 검색할 때는 문서의 내용만 보는 것이 아니라 이미지나 동영상도 아울러 참고하는 것이 좋다. 훨씬 더 입체적으로 공부할 수 있기 때문이다.

시험을 준비하는 수험생이라면 혼자 공부하고 고민하는 시간을 늘려야 한다. 강의에 너무 의존하는 독자 중, 특히 온라인 강의를 선호하는 사람은 혼자 공부하는 시간을 늘리는 것이 바람직하다. 생각건대, 어떤 시험이든 이를 대비할 때는 혼자 공부하는 시간이 절반은 넘어야 하지 않을까 싶다. 강의는 20퍼센트면 충분하고, 호흡이 잘 맞는 사람과의 스터디를 30퍼센트 정도로 잡는 것이 적절하다. 혼자 공부하다 보면 잘 풀리지 않아 답답할 때도 있지만 그런 과정을 거쳐야 기억도 오래 남는다.

당장 시간을 아낀답시고 인강에 치중한다거나 누군가가 정리해놓은 어휘만 들입다 외우는 사람은 실력이 오르지 않아 늘 제자리에 머물고 있는 듯한 기분을 떨칠 수 없을 것이다. 스스로 해결할 수 있는 능력을 키우지 못한 탓이다.

공부에 많은 시간을 투자하는데도 소기의 성과가 나오지 않는다면 강의에 지나치게 의존하고 있는 것은 아닌지, 혼자 고민하고 문제를 해결하는 것이 두렵진 않은지 곰곰이 생각해보자. 생소한 단어나 구문이 나오거나 논리가 파악되지 않거나, 혹은 우리말로 어떻게 옮겨야 할지 막막할 때는 앞서 설명한 것처럼 빈칸을 채우는 문제나 퀴즈를 낸다는 생각으로 해결해보자.

그래도 잘 안 된다면 이해가 안 되는 문장을 통째로 '구글링googling'하거나 영영사전에서 표현을 찾아보면 단서가 있게 마련이니 웬만한 것은 다 해결할 수가 있다. 자신을 믿고 몸소 해결해보라.

혼자 읽고 공부하는 것이 막막한 사람들은 이런 푸념을 늘어놓곤 한다.

"내가 해석한 것이 맞는지 당최 알 수가 없으니 읽어봤자 별 의미가 없을 것 같아요. 어차피 확인도 안 되는데 그래도 읽어야 하나요?"

그렇다, 많이 읽어야 한다.

필자의 경험으로 미루어볼 때, 많이 읽다 보면 어느 시점에서 자신도 모르게 이해력이 높아지고 영어에 대한 직관력이 생기게 된다. 모르는 단어도 자꾸 보면 눈에 익는데 이때 사전을 한번 찾아보면 기억에 오래 남는다. 그러니 자신을 믿고 읽는 양부터 늘리기 바란다.

둘째, 앞서 언급했듯이 영영사전을 보라. 물론 영한사전을 등한시하라는 이야기는 아니다. 영한사전에 등재돼있는 한국어가 더 명료할 때도 있으니 말이다. 두 사전을 비교하며 보는 것이 좋지만 계속 그러다보면 영영사전이 훨씬 더 도움이 된다는 짐을 실감하게 될 것이다.

덧붙여 말하자면 영영사전은 한 가지만 고집하지 말고 여러 사전을 비교해 보는 것도 좋다. "사전을 찾아봐도 없다"는 사람이 많은데 실은 문맥을 고려해가며 꼼꼼히 찾아보지 않았다거나, 다른 사전에는 있지만 그 사전에는 없어 그럴 수도 있다.

사전 찾는 것을 시간낭비라 생각하면 안 된다. 사전을 찾아 해당 어휘의 정의와 예문을 읽는 것 자체가 독해공부다. 예문은 반드시 읽되 소리 내어 몇 번이고 발음해보라. 예문은 가급적이면 외우는 것이 좋다.

셋째, 영어와 한국어의 차이를 명확하게 알고 영어의 관점에서 글을 읽고 이해해야 한다. 한 가지 분명한 차이가 있다면 영어는 다양성을, 한국어는 통일성을 지향한다는 것이다.

예컨대, 언론매체의 기사를 보면 영어는 북한을 지칭할 때 'North Korea(북한)'나 'Pyongyang(평양)'뿐 아니라 'the rogue nation(깡패국가),' 'the Stalinist nation(사회주의국가),' 'the hermit nation(은둔국가),' 'the isolated nation(고립국가)' 등 대응어가 다양하다. 물론 최근 몇 년은 남북회담과 북미회담을 거치며 분위기가 바뀐 탓에 'the rogue nation,'이나 'the Stalinist nation,' 'the hermit nation,' 혹은 'the isolated nation' 같은 표현은 자주 볼 수 없지만 어쨌든 영어는 같은 대상을 지칭하는 단어가 다양하지만, 한국어는 '북한'으로 통일하는 것이 바람직하다.

예전 『뉴욕타임스』에서는 미국의 연준the Fed이 기준금리를 0.25퍼센트 인상하기로 했다는 기사가 실린 적이 있다.

"The Federal Reserve raised its benchmark interest rate on Wednesday and signaled that it expects additional rate increases next year in a display of measured confidence in the economy that came despite financial market worries and political pressure to suspend rate increases."

연방준비제도는 수요일 기준금리 인상을 단행하며 내년에 추가 금리인상이 예상된다는 점을 내비쳤다. 이는 금융시장에 대한 우려와 금리인상을 보류해야 한다는 정치적 압박에도 경제상황에 대해 조심스럽게 자신감을 나타낸 것으로 보인다.

이 문장에서 "raise its benchmark interest rate"라는 표현은 기준금리를 인상한다는 뜻인데 문장 뒷부분에는 "Mr. Powell insisted on the wisdom of the Fed's plans to raise borrowing costs while investors dumped their holdings."라는 문장이 나온다. "파월 의장은 (주식시장의) 투자자들이 주식을 대거 매도하는 와중에도 연준의 금리인상 계획이 현명한 판단이라고 주장했다"는 뜻이다.

문맥상 "raise borrowing costs"도 기준금리 인상을 의미한다. '빌리는 비용 borrowing costs'이 금리니까. 이처럼 영어는 같은 표현을 연달아 사용하지 않고 반드시 다른 말로 바꾼다. 반면 이를 우리말로 옮길 때는 '금리인상'으로 통일해야 한다.

한국어를 영어로, 혹은 영어를 한국어로 옮긴다면 이러한 사실을 염두에 두고 번역해야 한다. 번역이 아니더라도 영어와 한국어의 차이를 안다면 문장을 훨씬 빨리 이해할 수 있다.

넷째, 논리적으로 사고하고 추론할 수 있어야 한다. 독해력을 높이려면 독해의 두 가지 요소에 집중해야 한다. 이를테면 글을 읽으면서 전체적인 요지와 흐름을 빨리 간파하는 한편, 구체적인 인과관계와 내용도 정확히 이해해야 한다는 것이다. 앞서 설명한 것처럼 문장을 단순하게 직역하는 것이 아니라 보편적이고 상식적인 논리를 바탕으로 추론하며 읽어야 한다.

몇 가지 예문을 살펴보자. 최근 『뉴욕타임스』에 실린 기사로, 최근 페이스북이 가짜뉴스를 걸러내고 있지만 정작 정치인들은 '공익성'이 있다고 주장하며 가짜뉴스를 허용할 소지가 있다는 점을 비판하는 문맥에서 나온 문장이다. 여기서도 논리적인 보편성을 감안하지 않은 직역은 어색할 수밖에 없다.

Politicians, it seems, have a license to behave badly, made possible by technology companies that kowtow to the powerful rather than stand up to them.

*kowtow 굽실거리다

*stand up to ~에 맞서다

흔히들 이해하는 직역은 이렇다.

"정치인들은 나쁘게 행동해도 되는 면허를 가진 것처럼 보인다. 이는 권력자들과 맞서 싸우기 보다는 아부하는 기술기업들에 의해 가능해진다."

뜻은 대략 이해할 수 있지만 아주 어색한 번역이다. 보편적인 글의 논리를 생각하며 본문을 다듬어보면 어떻게 될까?

"정치인들은 같은 잘못을 저질러도(똑같이 가짜뉴스를 퍼뜨려도) 면죄부를 받을 수 있는 것처럼 보인다. 이는 첨단 IT기업이 정치인들에 맞서기는커녕 오히려 굽실거리기 때문이다."

논리적 보편성의 문제는 아니지만, 본문의 경우에도 'the powerful(권력자)'은 'politicians(정치인)'를 지칭하는 표현이다. 북한을 다양한 어휘로 지칭한 것과 같은 원리다.

최근 발행된 『이코노미스트』 기사도 읽어보자. 아래는 방대한 정보를 저장하는 매체로 DNA를 활용할 수 있다는 내용의 기사에서 발췌한 문장이다.

But, as is often the case, natural selection knocks humanity's best efforts into a cocked hat. DNA, the information-storage technology preferred by biology, can cram up to 215 petabytes of data into a single gram. That is 10m times what the best modern hard drives can manage.

특히 영국영어에서는 'A knock/beat B into a cocked hat'이라는 숙어가 아래 예문의 경우처럼 'A가 B보다 훨씬 낫다'는 의미를 모르면 이해하기 힘든 문장이다.

The old design was good, but this new one knocks/beats it into a cocked hat.

과거의 디자인이 좋은 것은 사실이지만 새로운 디자인이 과거의 그 디자인보다 훨씬 낫다 물론 숙어의 뜻을 알았다고 해서 예문을 제대로 이해할 수 있는 것은 아니다. 전체 문맥의 논리를 이해해야 하기 때문이다.

예컨대, 본문 중 'natural selection knocks humanity's best efforts into a cocked hat'을 직역한다면 어떻게 이해할 수 있을까?

"자연선택은 인간의 최고의 노력보다 훨씬 낫다"라고 하면 무슨 말인지 도통 알 수가 없다. "natural selection"은 다윈의 진화론 중 핵심적인 개념인 "자연선택설"을 의미하지만 본문에서는 유전의 기본단위인 'DNA'를 상징적으로 나타내는 어구로 봄직하다.

따라서 본문은 아래와 같이 옮길 수 있다.

"대개가 그렇듯, 저장매체 또한 인간이 최첨단 기술을 동원한들 자연을 따라갈 수는 없다. DNA 저장정보 장치는 단 1그램의 DNA에 215 페타바이트의 정보를 저장할 수 있다. 이는 현존하는 최대 용량의 하드 드라이브가 저장할 수 있는 용량의 1천만 배에 해당된다."

다섯째, 상상력을 발휘하며 전체적인 이미지와 스토리를 떠올릴 수 있어야 한다. 상상력은 어떤 글을 읽든 필요하지만 특히 문학작품을 읽을 때는 더할 나위 없이 중요하다.

예컨대, 스티븐 크레인Stephen Crane의 소설인 『붉은 무공훈장The Red Badge of Courage』을 읽다보면 2장Chapter 2에 다음과 같은 문장이 있다.

"He was afraid to make an open declaration of his concern, because he dreaded to place some unscrupulous confidant upon the high plane of the unconfessed from which elevation he could be derided."

복잡하고 추상적인 탓에 쉽게 파악하기가 힘든 문장이다. 이런 글은 스토리를 상상할 수 있어야 이해할 수 있다. 주인공인 헨리 플레밍Henry Fleming은 십대의 어린나이에 북군의 일원으로 남북전쟁에 참전한다. 본문은 헨리가 전투를 앞두고 두려움을 느끼고는 있지만 이를 다른 사람에게 털어놓을지 고민하는 대목이다.

본문은 생소한 어구 때문에 짐작하기조차 힘들 수도 있다. 글을 읽다가 문장의 구조나 단어를 명쾌히 이해할 수 없을 때, 이를테면 나무만 보아서는 잘 모른다거나 미시적으로 접근해서는 큰 그림이 잡히지 않는다면 전체적인 맥락으로 뜻을 유추해야 한다. 바꾸어 말하면 숲을 본다거나 거시적인 관점에서 추론한다고 볼 수도 있겠다. 어쨌든 직관적으로 추론해보고 거꾸로 검증하는 의미에서 문장구조를 보는 것도 좋은 방법이다.

본문은 그렇게 접근하면 이해하기가 쉬워진다. 앞부분에서는 자신이 걱정하고 있는 것을 공개적으로 말하기to make an open declaration of his concern가 두렵다하고 다음에는 "because"를 비롯하여 동사 "deride(비웃다)"가 나왔으니 '비웃음거리가 되지 않을까 걱정이 되었기 때문'이라는 것을 알 수 있다.

그렇다면 본문은 어떻게 이해할 수 있는지 구체적으로 살펴보자. 문장을 이해하려면 개별적인 표현의 이미지부터 떠올릴 수 있어야 한다. 우선

'unscrupulous confidant(정직하지 않은 친구)'는 쉽게 말하면 '믿을 만하다는 생각에 멋모르고 털어놓았다가 자칫 뒤통수를 칠지도 모르는 사람'을 의미한다.

사전적인 의미를 보면 'unscrupulous'는 'not honest or fair'의 의미이고 'confidant'는 'a trusted friend you can talk to about personal and private things' 즉, 믿을만한 사람이다.

좀더 까다로운 표현도 읽어보자. 'high plane of the unconfessed'는 속내를 드러내지 않는 사람들the unconfessed에게서 느낄 수 있는 초연한 경지high plane를 말한다.

이 대목을 이해하려면 영영사전은 각 단어를 어떻게 설명하고 있는지 예문과 함께 관찰하면 도움이 될 것이다.

1. plane: a level of thought, existence, or development
He uses meditation to reach a higher spiritual plane.
I don't consider the two writers' stories as being on the same plane.

2. the unconfessed: people who have not confessed;
The unconfessed cannot be forgiven.

"placed some unscrupulous confidant upon the high plane of the unconfessed"를 좀더 자세히 분석해보면 작가는 "placed someone upon the high plane of …" 즉, "…한 지점에 누군가를 놓는다"는 물리적인 이미지로 서술하고 있다. "from which elevation he could be derided"에서 "elevation"은 "high plane"과 직결되는 내용이다. 당연한 이야기지만 높은 곳에 있으면 '고도elevation'는 높아지게 마련이다. 아울러 "which"는 "the high plane of the unconfessed"가 선행사인 관계형용사이다. 문장구조는 복잡해 보이지만 이를 나누어보면 좀더 명료하게 이해할 수 있다. 뒷부분은 "He could be derided from the high elevation of the unconfessed"로 풀어 쓸 수 있다.

"그는 두려워하고 있다는 사실을 드러내지 않았는데 이유인 즉, 믿을만하다고 생각해서 상대방에게 자신의 속내를 드러내면 상대방은 두렵다는 내색을 하지 않았기 때문에 그런 상황에서 자신을 비웃진 않을까 겁이 났기 때문이다"라는 의미로 해석할 수 있다.

이런 문장은 이해하기도 쉽지 않지만 번역하기도 만만치가 않다. 때문에 영영사전에서 각 단어의 어감을 정확하게 이해하고 논리적인 상상력을 발휘하여 의미를 파악하는 연습을 많이 해야 한다. 그러면 문장구조가 복잡다단해지더라도 이를 기피하지 않고 오히려 즐기게 될 것이다.

여섯째, 문장을 읽을 때는 단어에 얽매이지 말고 흐름을 파악하며 의미단락을 넓혀가야 한다. 앞서 언급한 논리적 상상력을 바탕으로 이미지를 떠올리며 이해하는 것이 좋다.

예문을 하나 더 보자.

게리 영Gary Younge이라는 흑인 작가가 사회의 관용과 포용의 정신을 강조한 글에 다음과 같은 문장이 있다.

"The problem is not with people taking sides, or even the sides they've taken, but the apparent inability of many to venture beyond their own trenches to see what kind of truce is possible."

이 문장도 영한사전의 일대일 대응어를 치환해서는 정확하게 이해할 수 없다. 그러면 "해석은 되는데 이해가 안 된다"는 말이 또 나올 테니까. 앞서 강조한 바와 같이 일대일대응은 많은 사람들이 독해를 고민하는 이유 중 하나다.

본문도 단어를 하나씩 해석하기보다는 여러 개의 단어로 구성된 메시지를 찾아야 한다. 문장을 가장 자연스럽게 재구성해보면 "문제는 진영논리로 편을 가르는 것people taking sides이나 그들의 진영논리the sides they've taken가 아니다. 문제는 많은 사람들이 자신의 아집their own trenches에서 과감히 벗어나venture beyond 서로가 어떤 공감대를 형성할 수 있을지what kind of truce is possible를 파악하지 못하는 것 같다the apparent inability는 점"이라 옮길 수 있다.

각 어구의 정확한 의미도 알아야 하지만 메시지를 논리적으로 읽어야 본문을 구체적이고 명료하게 이해할 수 있다.

일곱째, 문장구역sight translation(혹은 문장시역)을 연습하면 문장을 앞에서

차근차근 정리하며 이해할 수 있기 때문에 문장의 구조와 의미를 신속히 파악하는 데 도움이 된다.

방법은 간단하다. 영어로 된 문장을 읽으면서 곧바로 한국어로 번역하는 연습인데 문장을 통역하듯 입으로 옮기는 것이다. 문장구역을 연습하면 문장을 의미단락으로 이해할 수 있고 한국어를 자연스럽게 다듬을 수 있다. 통역대학원에서도 통번역을 연습할 때 문장구역을 중요하게 생각하는데, 연사의 말이 끝나지 않은 상황에서 동시통역이 가능한 것도 문장구역 연습이 잘 되어 있기 때문이다.

이를테면 『이코노미스트』에 실린 기사 중 'Agriculture is war by other means'라는 문장이 있다고 치자. 문장은 간단하지만 직역하면 의미가 통하지 않는다. 굳이 직역하면 '농업은 다른 수단에 의한 전쟁'이라고 옮기겠지만 딱히 와 닿는 풀이는 아니다. 문장구역으로 앞에서부터 아이디어를 정리하고 문장을 나눌 필요가 있다면 과감하게 나누어 이해하는 것이 바람직하다. 본문은 '농업도 일종의 전쟁이다. 다만 수단이 다를 뿐'이라고 정리하면 더 분명하고 명료하게 의미를 전달할 수 있다. 이는 약 20년 전 한국외대 통번역대학원 선배이자 당시 경희대 교수로 재직하고 계셨던 한 분이 어느 세미나에서 문장구역 사례로 제시한 문장이다. 필자도 크게 공감했기에 아직도 생생하게 기억하고 있다.

아무리 어려운 문장도 앞에서부터 정리하며 읽으면 읽는 속도를 높일 수 있고, 같은 문장도 시각을 달리하면 의미를 좀더 정확하게 파악할 뿐 아니라 우리말도 자연스럽게 고칠 수 있을 것이다.

번역본이나 번역서를 보면 대부분 '원서는 쉬운데 번역서가 더 어렵다'는 것을 느낄 때가 더러 있다. 그만큼 제대로 번역한다는 것이 힘든 일이기는 하지만 번역을 제대로 할 줄 안다면 독해력을 향상시키는데 큰 보탬이 된다.

재차 강조하지만, 앞으로는 특정 시험에 맞추어 공부하지 말고 어떤 시험에서든 전천후로 적용할 수 있는 '범용 독해력'을 기르기 바란다.

> 전천후로 적용할 수 있는
> '범용 독해력'을 기르기 바란다

김원아

독일 뷔르츠부르크 대학교 법학석사
독일 프랑크푸르트 사법연수원
독일어 전문 통번역 & 리서치 업체 운영
bluestick27@hotmail.com

광주비엔날레
한국디자인진흥원 & IDZ Berlin 워크샵
IFA Berlin 삼성전자 임원 언론인터뷰
기아자동차 디자인총괄사장 인터뷰
한국환경관리공단 & 독일 환경부 회의
LG 전자 & 한국리서치 시장조사 간담회

> 낯선 외국 환경에서
> 고비를 극복하다

독일어를 잘하고 싶다면 리스닝부터

나는 독일어와 한국어를 완벽하게 구사하는 '바이링구얼리스트(Biligualist, 이중언어자)'다. 바이링구얼리스트는 이미 언어학자들이 입증했듯이, 독일어를 할 때는 독일어로 생각하고 한국어를 구사할 때는 한국어로 생각한다. 즉, 모국어가 둘인 셈이므로 언어에 따라 사고의 구조도 달라진다는 것이다. 이러한 언어구사력 덕분에 일찍부터 통역에 관심이 생겼고 지금은 독일과 한국에서 약 15년간 전문통역사로 활동하고 있다.

내게 '이중언어구사력'이란 당연한 것이라 전혀 낯설지가 않다. 하지만 출판사로부터 의뢰를 받고 막상 언어구사력을 글로 표현해내자니 설명이 간단하지만은 않을 거라는 생각에 살짝 고민했다. 실제로 '완벽한 독일어 정복'을 목표로 하는 독자들에게 도움이 될 만한 구체적인 조언을 심사숙고해야 했다. 때문에 소싯적 독일어를 습득하는 과정을 떠올리며 기억을 더듬어 보기로 했다. 과거의 나를 돌아보는 과정 …, 독일이라는 낯선 외국 환경에서 어려운 고비를 극복하고 내 나름 노력한 결과로 또 다른 언어가 체화되었다는 사실을 새삼 깨달았다.

필자는 1992년에 초등학교 2년 2학기에 부모님의 유학을 계기로 독일에 가서 현지 학교를 다니게 되었다. 한글은 이미 다 깨우쳤고 구어도 완전히 습득한 상태. 당시 어린 나이에 유일하게 할 줄 알았던 독일어라고는 '이히 하이쎄…(Ich heisse, 내 이름은 …)라는 간단한 자기소개 문장뿐이었다. 꼬깃꼬깃한 작은 메모지에 독일어와 한국어를 발음 나는 그대로 적은 것이다. 독일이란 나라에 대한 기대와 호기심을 가득 안고 프랑크푸르트행 비행기에 탑승한 기억이 난다. 부모님은 그 외의 독일어는 독일 현지에서 배우도록 유도하셨다. 외국어는 '정확한 발음'이 중요하다는 이유 때문이었는데 당신 덕분에 필자는 '표준 독일어'를 완벽하게 체득할 수 있었다.

> **낯선 외국 환경에서
> 고비를 극복하다**

독일에서 처음 등교한 초등학교 Grundschule는 나처럼 독일에 막 도착하여 독일어를 전혀 모르는 외국인 학생을 위해 시에서 특별히 운영하는 '다국적 초등학교'였다. 국적이 다양한 학생들이 여기서 독일어의 기초를 배우고 언어가 일정한 수준에 도달하면 일반학교로 전학할 수 있었다. 한국에서 2학년 과정을 이미 마쳤지만 현지에서는 1학년 과정부터 다시 배웠다. 언뜻 보기에는 늦은 것 같았지만 독일어를 기초부터 제대로 다졌으니 되레 실력이 빠르게 향상될 수 있었던 듯싶다. 교사들은 낯선 외국 학생들이 학교 문화에 쉽게 적응하고 독일어가 익숙해질 수 있도록 각별히 신경을 썼고 나도 선생님들의 도움을 많이 받았다. 낯선 환경과 낯선 나라에 발을 딛고 적응하려면 언어는 반드시 통과해야만 하는 과정이라는 점을 감안한다면 독일이 제도적으로 매우 치밀하고 정교하게 운영되는 나라임을 실감할 수 있을 것이다.

독일 학교에 등교하던 첫날, 같은 반 학생들이 여선생님을 가리켜 "Frau Müller(프라우 뮐러, 뮐러씨)"라고 부르는 것이 눈에 띄었다. (보통 한국에서는 학생들이 반 담임선생님을 "선생님"이라 부르는 것과는 달리 독일에서는 이름을 부른다) 독일어는 병어리였기에 담임선생님과의 소통이 매우 어려웠던 어린 나이에 "프라우 뮐러"라는 표현을 직감적으로 '선생님'이라는 뜻으로 이해했던 날은 정말 기억이 생생하다. '선생님'이라는 독일어 단어를 배웠다는 사실이 너무도 신기하고 기뻤달까. 나는 "선생님"을 통해 마치 독일어의 '작은 날개'를 얻은 기분이 들었다.

이날부터 나는 선생님과 학교에서 기본적인 소통을 위해 귀에 들리는 대로 처음 접하는 낱말을 발음해 보면서 자연스럽게 독일어를 습득했고 다른 선생님들이 놀랄 정도로 실력이 일취월장했다. 나는 이 학교에서 1, 2학년 과정을 1년 만에 마치고 나서 3학년부터는 정식 독일학교로 진학이 가능하다는 합격 성적표를 받았다. 일반학교로 전학할 때는 정든 선생님을 비롯하여 학우들과 작별을 고할 때 느꼈던 서운함이 아직도 뇌리에 남아있다.

독일의 교육과정은 우리나라와는 달리 초등학교 과정이 4년이다. 4년의 과정을 마친 후 일정한 자격이 되면 대학을 준비하는 중고등학교 통합학습 과정인 김나지움Gymnasium에 입학하고 김나지움을 졸업해야만 대학에 입학할 자격을 얻게 된다.

외국인 대상으로 운영되는 국제학교에서는 ABC 걸음마 수준의 독일어를 습득했다면 일반 초등학교에서는 당연히 수준이 훨씬 높은 어휘를 사용한다. 1년 만에 '외국인을 위한 초등학교'에서 독일의 일반학교로 진학할 수 있는 자격은 받았지만 일반학교에서 수업을 따라가기에는 실력이 다소 부족했다. 돌이켜보건대, 어린 나이에 독일의 일반 초등학교로 진학했을 때의 마음은 설렘과 불안이 교차했던 것으로 기억한다. 김나지움을 거쳐 대학에 진학할 계획이었던 내가 선택한 일반 초등학교는 교육수준이 높고 안정된 환경에서 성장한 현지 학생들이 다니던 학교였으니 독일어 시험의 수준 또한 그에 걸맞게 꽤 높았다.

> **외국어를 배우려면
> 귀부터 트여야 한다**

당시 나는 국제학교에서 독일어의 기본기를 매우 빠른 속도로 터득하고 시험성적도 반에서 고득점을 달성해 상당히 의기양양한 상태였다. 하지만 독일인 학생들과 경쟁하여 처음 치른 독일어 시험에서는 낮은 점수로 겨우 턱걸이를 한 탓에 매우 큰 위기감(?)를 느꼈다. 그리하여 서점에 진열된 그림책을 닥치는 대로 구매해 밑줄까지 그어가며 읽었고 어휘와 문장구조를 외우기 시작했다. 이때 읽은 그림책은 그림 반, 텍스트 반으로 구성되어 있었는데 귀여운 동물의 모험여행 등으로 내용은 이해하기가 쉬웠다.

가장 기억에 남는 책은 제목이 『Manuel und Didi마누엘과 디디』였다. 두 마리의 쥐에 얽힌 스토리를 담고 있었는데 내용이 저 나름대로 역동적이었다. 그림책이 조금 쉬워지기 시작하자 카세트 녹음테이프가 부록으로 딸린 현대판 동화를 읽으며 정확한 발음을 듣고 연습했다. 역시 외국어를 배우려면 귀가 트여야 한다고 생각했다. 지금도 소싯적에 들여다보던 손때 묻은 그림책을 보며 배움의 순간을 떠올리곤 한다. 워낙 어릴 때부터 독서를 좋아했지만 새로운 것을 적극적으로 배우고 싶어 하는 성격도 한몫 했던 것 같다.

독일어 시험이 작문 형식text production으로 출제되기 때문에 이를 통과하려면 문장을 자연스럽게 완성해내는 데 주안점을 두어야 한다. 이를 위해 일기도 독일어로 써보고 독후감도 독일어로 써보는 등, 다방면으로 부족한 부분을 채워나갔다. 이렇게 1년 정도 지나자 독일어 성적이 크게 올라 독일어 시험도 반에서 최고점을 받는 수준까지 이르게 되었다. 초등학교 졸업 당시 독일어 성적표를 보면 담임선생님이 정확한 문법 구사력을 크게 칭찬한 대목이 나온다. 지금까지도 내 자신을 자랑스럽게 하는 경험이다.

5학년 때는 고대 그리스와 로마의 문화를 중점적으로 교육하는 인문주의 김나지움에 입학해서 라틴어 수업을 들었는데 이때 배운 라틴어가 독일어 실력을 끌어올리는 데 큰 시너지를 발휘한 듯싶다. 라틴어 수업은 고대 라틴어 원서를 읽고 현대 독일어로 번역하는 작업이 대부분이었다. 13학년을 끝으로 김나지움을 졸업할 때까지 로마제국의 유명 정치인과 사상가인 키케로Cicero, 세네카Seneca, 시저Caesar의 철학서나 전쟁기록을 비롯하여 고대 로마 시인인 오비드Ovid의 『변신』까지 두루 읽고 번역했다. 유럽언어는 언어의 뿌리가 고대 라틴어에서 비롯된 까닭에 6학년 때부터 배운 영어와 10학년 때 배우기 시작한 불어에도 큰 보탬이 되었다. 예컨대 '어머니'라는 단어는 라틴어로는 'Mater'이고 독일어로는 'Mutter,' 영어로는 'Mother,' 불어는 'Maman'이다. 알다시피 발음이나 스펠링이 매우 흡사한 것을 알 수 있다. 독일의 언어 교육이 피라미드를 차곡차곡 쌓아올리듯 체계적으로 이루어지고 있기 때문에 일상이나 직장에서 영어나 불어를 잘하는 독일인도 상당히 많다.

김나지움 5학년에서 졸업하기까지 독일어 수업 때 읽는 서적과 텍스트의 수준은 학년별로 난이도가 점점 높아진다. 이때 학생들은 폰타네의 『에피 브리스트』, 카프카의 『성』, 괴테의 『파우스트』 등, 독일 고전문학을 가장 집중적으로 읽고 토론하고 분석했다. 선생님께서 보통 한 학기에 한두 권 정도를 주요 서적으로 선정하면 책에 나오는 내용과 역사적 배경, 상징적인 요소에 대해 서로 토론하고 의견을 교환하는 방식으로 수업이 이루어진다. 한국어로 읽어본 독일 고전이 있다면 독일어 버전으로 다시 한 번 읽어보라. 스토리를 이미 알고 있기 때문에 이해하기가 어렵지 않으니, 원문이 주는 매력을 느낄 수 있는 좋은 기회가 될 것이다. 독일어뿐 아니라 다른 외국어도 마찬가지라 본다.

> **❝**
> *독일 고전을 집중적으로 읽고*
> *토론하고 분석했다*
> **❞**

혹시 해외로 이주하여 외국어를 배워야 한다면 현지인과 최대한 많이 교류하여 그들의 문화 속으로 잘 녹아들어가는 것이 매우 중요하다. 현지에 가서도 한국인과 어울리는 것은 그다지 현명한 적응법이 아니다. 또한 비슷한 처지에 있는 외국인 학생보다는 현지 원어민과 최대한 빨리 접촉하는 것이 표준적인 언어를 효율적으로 습득할 수 있다는 점도 강조하고 싶다. 요즘에는 한류와 K-POP이 유럽 및 독일을 강타하여 한국문화와 한국어를 배우고자 하는 독일인들이 많으므로 각종 인터넷 커뮤니티나 대학 게시판 등에서 언어 교환 파트너를 찾기는 쉬울 것이다.

평생 모국어만 경험하다가 외국어의 낯선 억양 및 발음과 마주하게 될 경우 소리가 뇌에 정확히 도달했다가 다시 혀로 나오려면 잘 듣는 연습이 중요하다. 말하기와 쓰기를 도전하기에 앞서 가장 기본적으로 통달해야 하는 영역은 듣기다. 요즘에는 유튜브나 넷플릭스 등 해외 동영상이나 영상물을 접하는 게 매우 쉬운 시대니 단번에 알아듣지 못하는 내용은 여러 번 돌려보고 발음을 그대로 따라하며 연습해 보는 것을 추천한다.

초반에는 만화영화나 해외드라마 중 편안한 일상대화가 나오는 영상물 위주로 시청하고 어느 정도 어휘가 갖춰지고 자유자재로 활용할 수 있는 단어가 늘어나면 'ARD Tagesschau' 같은 뉴스 등을 열심히 청취해보라. 평소 배우고자 하는 언어가 있다면 일상에서 이를 자주 노출시켜야만 모국어와 외국어의 경계가 허물어지면서 외국어와 자연스럽게 친해질 수 있을 것이다. 독일 언론은 보도하는 수준이 상당히 높기 때문에 글로벌 이슈가 되고 있는 주요 테마를 정확하게 바라보는 시야를 키우는 데도 적합할 것이다.

독일인과 한번 대화를 나눠보면 어휘의 수준과 실력이 사람마다 천차만별인데 대개는 독서를 즐기는 사람이 말도 정교하고 섬세하게 잘한다. 언어는 단순한 소통수단을 넘어 상대방에 대한 정보를 많이 얻을 수 있는 도구이기도 하다. 발음과 대화 매너뿐 아니라 같은 말을 하더라도 활용하는 어휘나 어구에 따라 화자의 성장배경과 학력 및 생활수준도 유추할 수 있으니 말이다.

필자는 내 나름대로 독일어의 수준을 지속적으로 향상시키기 위해 노력했다. 특히 졸업반인 12~13학년 때는 (지금은 12학년제지만 내가 학교를 다녔을 때는 13학년제였다) 독일어 수업 시간에 볼 요량으로 함부르크에서 발행되는 유명 주간지 『디 차이트 Die Zeit』를 반에서 단체 구독하여 받아 보았다. 『디 차이트』는 어휘 수준이 워낙 높은 데다 사고의 깊이가 남다른 저널리스트의 기사를 읽어볼 수 있는 신문이라 지성인들 사이에서도 인기가 매우 높은 신문이다. 독일어를 잘하려면 독일의 정치와 경제, 문화 등을 주제로 대화가 가능해야 한다. 때문에 독일이란 국가에 대한 지식을 다양하게 갖춘다면 독일어 실력도 그만큼 빨리 늘게 되어있다. 그런 측면에서 『디 차이트』는 언어와 상식을 동시에 발전시킬 수 있는 매우 훌륭한 매체임에는 틀림이 없다.

몇 년 전, 필자는 국내에서 독일어 통번역을 전공하는 대학원생에게 독일어를 가르친 적이 있다. 학생 말을 들어보니 대학원 수업에서도 『디 차이트』에서 발췌한 본문이 가장 많이 활용되고 있다고 한다. 그는 한국어를 독일어로 오역 없이 '깔끔하게' 번역하는 것을 가장 어려워했던 것으로 기억한다. 독일어는 독일 현지인도 어려워할 정도로 구조가 매우 복잡하다. 예컨대, 영어에서는 명사에 붙는 관사가 남녀의 성을 구분하지 않고 'the'로 같고 불어는 각 명사에 남성은 'le,' 여성은 'la'를 붙이지만, 독일어는 각 명사에 남성은 'Der,' 여성은 'Die'에 중성은 'Das'까지 있어 외국인이 이를 공부할라 치면 단어별로 외워야 하는 성이 많은 편이다. 필자도 독일어를 배울 때 극히 어려워했던 대목인지라 외워서 체화시키는 방법 외에는 딱히 뾰족한 수가 없을 것 같다.

언어실력도 그렇지만 분야를 막론하고 두각을 나타내려면 동기가 가장 중요하다. 구체적이고 뚜렷한 목적의식을 가지고 그에 걸맞은 전략을 세워야 언어실력도 늘고, 배우는 과정에서도 지치지 않을 테니 말이다. 독일어를 잘하고 독일인과 원어민 수준으로 대화를 나누고 싶다면 독일어를 배워 무엇을 하고 싶은지 구체적으로 머릿속에 그려보며 계획을 세워보는 것도 도움이 될 것이다.

훌륭한 통번역사가 되려면 외국어를 잘하는 것만으로는 부족하다. 외국어 실력과 아울러 우리말 구사력도 매우 중요하기 때문이다. 통번역이 필요한 부문은 주로 기업과 기관이고 의사소통과 회의 도중 예기치 못한 내용이나 전문용어가 '튀어나오는' 경우도 매우 빈번하다. 특히 우리가 살고 있는 글로벌화된 사회는 빠른 속도로 전문화되고 있으므로 다양한 영역의 독서를 통해 새로운 지식을 습득하고 견문을 넓혀야 한다. 실력이 뛰어난 전문 통번역사들은 대부분 책벌레라 할 정도로 독서를 즐기는 독서광이다.

나는 학창시절과 대학시절을 대부분 독일에서 마쳤고 이후에도 오랜 기간 독일에서 체류했다. 독일은 언어나 문화적으로 거의 '고국'이나 다름없을 정도로 친숙한 나라지만 한국인이라는 정체성은 잊은 적이 없었다. 학창시절에는 방학마다 한국을 방문했기 때문에 한국어를 접하면서 한국 문화와도 관계가 항상 친밀했던 것 같다. 그 시절에는 한국이 너무 좋아서 프랑크푸르트 공항에 도착하자마자 한국으로 돌아가고 싶다고 엄마에게 떼를 쓸 정도였다. 당시 나는 한국의 10대 문화에 빠져 가요뿐 아니라 인기 있는 한국 가수들의 음악도 많이 들었고 한국의 다양한 패션에도 관심이 생겨 연예계 잡지를 구독해서 꼼꼼히 읽고 브로마이드 등도 수집했다. 이 같은 문화적 체험을 통해 내 또래의 한국 청소년의 '독특한 언어'나 비표준어도 자연스레 알게 되었다. 독일에서 오랜 시간을 보냈지만 '생생한' 한국어를 지금까지 보존하고 발전시킬 수 있었던 비결은 한국의 서적을 비롯한 문화를 지속적으로 접촉해왔기 때문이다. 이처럼 문화적 코드가 언어 전달과 발달에 끼치는 영향은 엄청나다. 현재 '방탄소년단'에 열광하는 전 세계의 외국 팬들이 한국어를 배우기 위해 한국에 오고 싶어 하는 현상은 문화와 언어가 얼마나 밀접한 관계가 있는지 여실히 보여주는 대목이다.

나는 모국어인 한국어에 열정이 남달랐다. 독일에서 한국 사람들과 대화를 나눌라치면 그들은 내가 방금 한국에서 유학을 온 사람이거나 관광객으로 착각하는 경우가 종종 있다. 독일에서 매우 오래 살았음에도 한국어를 잘 구사한다는 말을 자주 듣는다. 어릴 적 처음 독일어를 배워야 했던 시절, 집에서도 독일어를 써보자는 제안을 받았지만 나는 "한국어를 잊어서는 안 된다"고 단호하게 거절할 정도로 우리말에 대한 열정과 관심이 대단했다. 많은 시간이 흐른 지금, 과거의 모습을 돌이켜보면 어린 나이에 일종의 향수병에 걸려 그러지 않았나 싶기도 하다.

통번역 경험담

　최초의 통역 경험은 1997년 독일 쾰른Cologne의 어느 전시회로 거슬러 올라간다. 이모 한 분이 화가이신데 당시 한국과 독일의 문화 교류 차원에서 한국 작가 3명은 독일에서, 독일 쾰른 작가 3명은 한국에서 3개월간의 작업 후 전시회를 여는 '예술 프로젝트'가 있었는데 여기에 이모가 선정된 것이다. 행사의 메인 후원업체는 현대자동차와 독일 고타 보험회사Gothaer Versicherung 였던 것으로 기억한다. 전문적인 내용의 통역은 물론 아니었고 전시회 오프닝 뒤풀이 식사 때 테이블에 둘러앉아 있던 사람들이 주고받는 간단한 대화를 통역해주는 역할을 하게 되었다. 김나지움 초반에 있었던 일인데 당시만 해도 나는 직업으로 통역사를 생각해본 적이 없었다. 김나지움 시절에는 역사와 정치, 경제 등 사회과학 과목에 상당히 관심이 많았고 졸업할 무렵 진로를 결정할 때는 관심분야와 언어적 재능을 함께 발전시킬 수 있는 공부를 하고 싶었다. 대학교에서 법학을 전공한 것도 이런 이유에서였다.

　독일은 법과 규율의 나라다. 이를테면 사회 전반의 모든 분야에서 법이 세세한 영역까지 관리하는 나라랄까. 사회의 효율성과 정확성은 바로 엄격한 법적 시스템에서 비롯된 것이다. 아울러 독일의 법은 지면의 활자가 아닌, 실제 사회현상과 필요성에 맞추어 정부를 통해 꾸준히 업데이트 되며 법원의 판검사들이 이를 해석하는 살아있는 유기체이기도 하다. 독일에서 법이란 사회공동체가 유지되기 위해 필요한 정의와 질서의 기반이 되는 국가의 정신이자 정체성을 의미한다. 독일의 법은 국민이 매우 접근하기 쉬운 친숙한 거리에 있으므로 일반 시민들은 자신의 권리가 부당한 침해를 당했다고 느끼면 주저하지 않고 법원을 찾는다.

필자도 대학 졸업시험인 사법고시를 준비할 때 개인적으로 직접 소송을 제기했던 경험이 있다. 당시 나는 외국인 학생 신분으로 학교 기숙사에서 생활하며 졸업시험을 준비하던 중이었는데, 기숙사측은 일정 생활기간이 종료되었다는 이유로 내게 퇴소를 통보했다. 진로를 결정하는 중대한 시험을 앞두고 거주지를 새로 구하고 옮겨야 하니 부담이 이만저만이 아니었다. 이때 이 문제를 법적인 사건으로 간주하고 해결책을 찾아보는 일도 의미가 있겠다는 생각이 들었다. 필자는 사건의 정황을 객관적으로 검토한 후 학교 기숙사를 상대로 행정소송을 제기했고 법원은 내 손을 들어주었다. 나는 아직도 판결문을 간직하고 있다. 독일의 행정소송은 1심까지는 변호인 없이 '셀프소송'이 가능하다. 그때 법원이 법에 의거, 외국인 유학생의 손을 들어주었으니 정말 놀랍고 감사할 따름이었다. 독일의 법이 법전 속에서만 존재하고, 멀고 높은 곳에 있는 것이 아니라 시민이 필요하면 언제든 도움을 청할 수 있는 법이라는 사실을 피부로 체감했다. 이러한 법으로 구축된 나라이기 때문에 독일은 현재 유럽과 전 세계에서 선진국의 위상을 떨치고 있으며 이민 희망국 1위를 차지할 수 있었다고 본다.

필자는 독일의 법과대학 졸업과 동시에 1차 사법고시에 합격한 후 프랑크푸르트 고등법원에서 2년간 사법연수를 성공적으로 마쳤다. 연수기간 동안 나는 독일 법조인과 함께 다양한 법적 사례를 접하면서 독일법 영역의 다양한 지식과 안목을 쌓아왔다. 프랑크푸르트 노동법원, 프랑크푸르트 대검찰청, 프랑크푸르트 행정법원 등 여러 법률기관을 방문하면서 여러 판사 및 검사들의 업무에 직접 참여하며 배웠고, 몸소 체험을 통해 독일에서 실제로 발생하는 다수의 법률 관련 케이스와 판례를 접할 수 있었다. 연수기간 동안 나는 재판 보조관의 신분으로 재판과정에 여러 차례 참여하면서 독일을 지탱하는 근본적인 법 시스템의 구조에 대해 구체적이고도 상세하게 체험했다. 특히 프랑크푸르트 연수기간에는 독일에서 기업 인수합병M&A을 전문적으로 다루는 중견 로펌 중 한 곳에서 1년 가까이 근무한 적도 있다.

대학시절부터 학업 외의 도전을 위해 독일 현지에서 통역사로도 꾸준히 일을 해왔다. 대학교 1학년 때는 용돈을 벌기 위해 '알바' 개념으로 시작했다. 네이버에 블로그를 만들어 홍보도 하고 독일 현지 '코트라'에 통역사로 등록도 했다. 통번역 일이 나의 역량이나 적성에 들어맞는다는 확신이 점차 강해지자 통번역 영역을 적극적으로 개척하고 싶다는 생각에 현재는 전문 통번역사로 활동하고 있다.

독일에서 생활하는 동안 필자는 언어적 능력뿐 아니라 독일의 선진화된 시스템과 합리주의에 의거한 경영철학 및 제도 등을 체득할 수 있었다. 나에게 통번역 업무란 개인적인 경험과 능력을 발전과 도약으로 삼을 수 있는 기회를 의미한다. 유럽연합의 정치·경제 중심지인 독일에 거주했기에 우리나라의 많은 회사 및 기관으로부터 의뢰를 받고 작업을 할 수 있었을 것이다.

진로를 전문 비즈니스 및 법률 통번역사로 전환하면서 연수기간에 얻었던 배경지식과 경력은 매우 유용하고 직접적인 도움을 주었다. 현재 한국과 독일 기업 사이에는 상호간의 협업이 점점 더 많아지는 추세다. 따라서 독일 M&A나 부동산 시장도 아시아 클라이언트의 문의에 적절하게 대응하기 위해 로펌이나 투자은행에서 코리아 데스크나 차이나 데스크를 따로 운영하고 인력을 확보해 나가고 있다. 예컨대, 독일 항공회사인 '루프트한자'는 최근 LG전자와 손을 잡고 함부르크에 합작회사 Joint Venture를 설립했고, 미래에셋은 프랑크푸르트 한복판에 있는 T8이라는 유명 빌딩을 2017년도에 매입한 바 있다.

이처럼 우리나라 기업들이 해외로 진출하면서 여러 영역에서 통역 수요가 증가하고 있다. 개인적으로 의뢰가 잦은 프로젝트 중 가장 큰 비중을 차지하는 영역은 단연 계약협상이다. 한국기업이 외국에 진출할 경우 지사나 연락사무소를 직접 설립하여 영업활동을 개시하거나, 바이어 역할을 해온 독일 회사를 인수하는 사례도 상당히 많다. 필자는 한국의 어느 중소기업에서 약 4년간 전담 통번역 업무를 맡은 적이 있는데, 이 기업은 독일 현지 바이어들과 지속적인 갈등으로 인한 난관을 피하기 위해 독일 시장에 직접 진출하려는 계획을 타진한 바 있다. 독일 시장에서 판매되는 엔지니어링 완제품을 공급하는 제작업체였는데 뛰어난 기술력을 보유한 회사인지라 오너 입장에서는 단순히 공급업체로 만족할 수 없어 아쉬운 상황이었다. 당시 바이어들과의 커뮤니케이션 위주로 시작된 통역 업무는 점차 복잡한 내용까지 전달해야 하는 상황으로 바뀌게 되었다. 독일 회사 설립과 운영 형태에 대한 리서치와 이에 필요한 변호인 선임과 컨택을 비롯하여 독일 현지 직원을 상대로 하는 고용계약 및 계약의 세부조항 등을 통역했다. 이처럼 통역 업무에서는 예상치 않게 업무가 확장되거나 달라질 수 있으니 통역사는 항상 돌발상황에 대비해야 한다.

자주 맡게 되는 업무를 대표하는 프로젝트는 대부분 대학 졸업 직전에 맡았던 협상 회의통역이다. 독일의 메이저 로펌 중 한 곳인 'CMS Hasche Sigle'에서 인수합병을 계약할 때 필자가 투입되곤 했다. 이 업무는 기업법 분야에서 내가 처음으로 맡아본 통역 프로젝트였다. 한국의 중소기업이 수년간 파트너십을 맺어왔던, 전통 있는 모형 장난감 기업인 Graupner를 인수한 사례인데 이때 한국 기업의 사장이 내 프로필을 코트라에서 전달 받고 직접 의뢰를 해왔다. 굉장히 큰 금액을 주고받는 대규모 프로젝트인 만큼 인수 계약서의 조항마다 상대방의 언어를 작은 뉘앙스까지 그대로 통역하면서 대한민국의 기업 발전 가능성을 직접 가까이서 체험했다. 뿌듯함과 긴장감이 동시에 느껴진 프로젝트였다. 내 전공인 법학과도 매우 근접한 업무인지라 졸업생으로서 더욱 뜻 깊게 다가왔던 것으로 기억한다.

2009년 법과대학 시절, 나는 우리나라의 어느 사법연수원의 노동법학회 연수생들을 대상으로 통역을 한 적이 있다. 독일의 노동법은 근로자 보호를 핵심으로 하는 매우 민주적인 장치다. 독일 노동법원은 법을 수행하는 기관으로서 근로자와 기업 또는 고용인 사이의 갈등 속에서 합리적인 판결을 이끌어내는데 당시 한국의 연수원생들은 독일 노동법원의 업무를 배우기 위해 독일을 방문했다. 베를린의 독일사민당SPD 본관을 비롯하여 베를린 중앙노동법원과 베를린에 본사를 둔 노동조합연맹DGB 등을 방문하여 구체적인 제도와 법적 해결절차, 그리고 법의 테두리 안에서 이루어지는 노사간의 협상 등에 대해 설명하는 방식으로 간담회가 진행되었다. 전공지식 덕분에 통역이 원활히 이루어져 회의도 매끄럽게 끝낼 수 있었다. 처음 독일 대학에 입학하여 새내기 대학생으로 공부를 시작했을 때에는 그저 막연하기만 했던 인생의 목표가 통역을 계기로 구체적인 방향을 잡게 되었다는 생각이 든다. 다시 말해 나는 통번역을 통해 한국과 독일의 교류, 특히 국가와 사회의 기반인 법적 제도나 국제적 교류에 이바지하는 역할을 하고 싶다는 생각이 확고해졌다.

필자는 통번역사로서 이러한 경험을 우리나라의 많은 회사 및 기관과 공유하며 이를 개인적인 발전의 기회로 만들고 싶다. 그럴 생각으로 20대부터 일련의 통번역 프로젝트를 즐겁고 활기차게 해냈다. 통번역사라는 직업의 장점은 주어진 시간을 주도적으로 활용할 수 있다는 데 있다. 특히 변화무쌍한 21세기는 지금까지의 경험을 바탕으로 좀더 큰 비전과 전문적인 지식 및 경험이 풍부한 통번역사가 필요한 시대임에는 틀림이 없다.

> **독일어를 선택한 여러분께
> 박수를 보내고 싶다**

글을 마치며

독일어를 배우려는 독자에게, 독일어를 잘하고 싶고 또 잘 해야 하는 배움의 과정에 있는 이들게 일러두고 싶은 말이 있다. 독일어의 매력을 한마디로 말하자면 복잡하고 세밀한 구조만큼 매우 정확하고 정교한(마치 외과의사의 메스와 같은) 서술이 가능하다는 것이다.

필자는 외교관 부친을 둔 독일친구들과 각 언어의 차이점과 장단점에 대해 이야기를 나눈 적이 있다. 공학을 전공하고 중국 베이징에서 유년기를 보냈다는 그들도 독일어가 학문이나 과학적인 현상을 서술하기에 아주 적합하다는 결론을 내린 것으로 기억한다. 독일어라는 언어는 소위 '샤랄라'하거나 화려한 맛은 없다. 음성적인 특성을 살펴봐도 다른 언어에 비해 투박한 편인지라

감정적인 뉘앙스가 배어있지 않은 듯싶기도 하지만, 합리성과 정확성을 두고는 여느 언어에 뒤지지 않는다. 이런 의미에서 독일어는 국민적인 특성과 국가의 본질을 그대로 담아낸 그릇이 아닐까 싶다.

며칠 전 프랑크푸르트 공항을 출국, 한국에 도착했던 날을 머릿속에 떠올리며 원고를 쓰고 있다. 보통은 대한항공을 이용하지만 이번에는 일정상 오랜만에 루프트한자를 이용하게 되었다. 비행기가 한국에 착륙하기 직전, 날씨와 도착지를 비롯하여 현재의 비행상황을 브리핑하는 독일 기장의 침착한 목소리를 듣는 순간 나는 안도감을 느꼈다. 이처럼 내게 독일은 '독일 = 안전'이라는 등식이 성립하는 나라다.

끝으로, 어려운 독일어의 '진정한 매력'을 경험하고 배우며 독일로 향하려는 독자가 있다면 '여러분의 탁월한 선택에 박수를 보내고 싶다'는 말도 덧붙이고 싶다.

Übung macht den Meister!

장인은 숙달해야 탄생한다!

곽은경

한국외국어대학교 통번역대학원

KBS 월드라디오 스페인어방송 작가 겸 진행자
코리아헤럴드학원 통역대학원 입시반
스페인어 대표강사
코리아헤럴드 통번역센터 통번역사

> 핵심은
> 전달력이다

고급 단계로 도약하는 길

최근 여러 방송 프로그램에서 스페인과 중남미 국가들이 자주 소개되면서 스페인어에 대한 관심도 증가하고 있다. 스페인어를 배울 수 있는 경로도 다양해졌다. 요즘은 시중에 관련서적도 많고 학원이나 인터넷강의, 유튜브를 통해서도 스페인어를 쉽게 배울 수 있다. 이제 스페인어는 지구 반대편의 언어가 아니라 한번쯤 배워보고 싶은 매력적인 언어라고 느끼는 사람이 점점 많아지고 있는 것 같다. 하지만 아직까지 고급수준의 스페인어 학습자료는 영어나 중국어와 같은 언어에 비해 상대적으로 적다. 그렇다면 스페인어 통번역사들은 어떻게 스페인어를 잘하게 되었을까?

모두 해외에서 오랜 기간 살다 와서 그럴까? 물론 그렇지 않다. 현재 국내 통번역대학원 중 스페인어 전문 통번역사를 배출하는 곳은 한국외국어대학교 통번역대학원이 유일하다. 매해 열명 내외의 학생들이 선발되는데 해마다 차이는 있지만 소위 말하는 "국내파"가 상당히 많은 비중을 차지하고 있다. 실제로 통번역대학원 입학시험을 준비하기 위해 내 수업에 오는 학생 중 대다수는 해외연수나 스페인어권 국가에 거주한 경험이 2년이 채 안 된다.

스페인어를 잘하게 된 그들만의 특별한 비법이 있는 걸까? 사실 외국어 공부에 대단한 비법이라는 것은 없다. 외국어를 공부하는 사람이라면 누구나 언어학습에 지름길이 없다는 데 공감할 것이다. 진부한 이야기지만 읽고 듣고 말하고 쓰는 연습을 꾸준히 하는 것만이 외국어를 잘하는 방법이다. 이 훈련을 남들보다 더욱 치열하게 하는 것이 통번역대학원에 진학하는 학생들의 비법이라면 비법일 것이다.

또 강조하고 싶은 점은 어떤 학습자에게는 효과적인 공부법이라 할지라도 다른 사람에게는 맞지 않을 수도 있다는 것이다. 내가 이 글을 통해 제시할 몇 가지의 공부법 또한 당연히 절대적이거나 완벽한 방법은 아니다. 하지만 스페인어를 고급수준으로 끌어올리고 싶은데 당최 어디서부터 시작해야 할지 막막한 독자가 있다면 조금이나마 시행착오를 줄이고 답답함을 해소하는데 도움이 되길 바란다. 내가 통번역 공부와 강의를 병행하며 효과적이라고 느꼈던 방법 몇 가지를 공유하고자 한다.

핵심은 전달력이다

한국외대 통번역대학원 입학시험에는 시사 관련 주제에 대해 한국어와 스페인어로 논술하는 유형이 있다. 특히 스페인어 작문은 지원자들이 가장 어려워하는 파트 중 하나다. 아마 새로운 외국어를 공부하는 많은 이들이 가장 어려워하는 영역이 작문이지 않을까 싶다. 통번역대학원 입학에 도전하는 학생들은 대부분 기본기가 뛰어나고 어휘력도 좋은 편이다. 그런데도 학생들의 스페인어 작문을 보면 전달력이 약한 경우가 많다. 유려하고 고급스러운 표현을 의식적으로 많이 사용해 언뜻 그럴듯해 보이지만, 실은 그저 어려운 단어의 나열일 때가 더 많다. 당연한 말이지만 아무리 수준 높은 어휘를 사용할지라도 단어들이 문장에서 조화를 이루지 못해 읽는 사람의 이해를 오히려 방해한다면 아무 쓸모가 없을 것이다.

> **핵심은 전달력이다**

그렇다면 자연스러우면서 전달력이 좋은 스페인어 문장을 쓰려면 어떻게 해야 할까? 첫째, 필자는 학생들에게 단어 외우는 방법을 바꿔보라고 말하곤 한다. 흔히 모든 외국어 공부의 기본은 단어 외우기라는데 이 말에는 나도 동감한다. 문제는 어떻게 외우느냐인데, 초급 수준일 때는 외운 단어를 단순히 조합해서 어렵지 않게 문장을 구성할 수 있다. 예컨대, 스페인어에서 '사과manzana'라는 명사와 '먹다comer'라는 동사를 알고 해당 동사가 변화하는 규칙을 비롯한 기초 문법 지식만 있다면 "나는 사과를 먹는다"는 문장은 어렵지 않게 만들 수 있다.

그럼 "제도를 만들다" 같이 조금 더 어려운 예시를 생각해보자. '제도'는 문맥에 따라 스페인어로 sistema, medida, régimen 등이 될 수 있다. '만들다'라는 단어를 들었을 때는 hacer부터 elaborar, trazar, diseñar, establecer까지 수많은 단어들이 머릿속에 스쳐 지나갈 것이다. 이 경우 어떤 명사와 동사를 선택해 문장을 만들지는 문맥과 상황에 따라 결정되어야 한다.

그래서 수준이 중급 이상이라면 단어를 정리할 때 사전적인 의미만 적어두고 끝내면 곤란하다. 실전에서 그 단어를 제대로 활용하지 못할 가능성이 클 테니 말이다. 통번역대학원 학생들의 단어 정리법 중 하나는 해당 단어가 등장하는 문장과 해당 문맥 안에서의 의미를 함께 적어두는 것이다. 문맥에 따라 의미가 크게 달라지지 않는 단어라 할지라도 그 단어가 주로 어떤 동사나 부사, 형용사 혹은 전치사와 잘 쓰이는지 '세트'로 공부해야 암기한 어휘를 이용해 실전에서 자연스러운 문장을 만들 수 있을 것이다.

둘째, 전달력을 높이려면 '일대일대응'에 대한 집착을 버려야 한다. 스페인어로 생각하고 바로 스페인어로 말할 수 있다면 참 좋겠지만 모국어가 한국어라면 대개는 말하거나 쓰고자 하는 바를 먼저 한국어로 생각하고 이를 스페인어로 번역하는 과정을 거치게 된다. 하지만 우리말에 정확하게 대응하는 스페인어 표현은 고급 수준으로 갈수록 찾아보기 어렵다. 아마 다른 언어도 마찬가지일 것이다.

신조어는 또 어떠한가? '혼밥', '먹방'과 같은 새로운 단어가 매일 우후죽순으로 생겨나고 있지만 한국의 사회현상이나 문화를 알아야 이해할 수 있는 용어에 일대일로 대응되는 스페인어 표현을 찾는 것은 결코 쉽지가 않다. 언어에도 수학처럼 딱 정해진 답이 있다면 좋으련만, 그렇지는 않기에 하나의 외국어를 마스터하는 일이 참 간단한 문제는 아닌 듯싶다.

요즘 중남미를 비롯한 스페인어권 국가에서도 한류에 대한 관심이 커지면서 케이팝에 대한 글을 번역하거나 이와 관련된 내용을 통역하는 일이 잦아지는 추세다. 이를테면 케이팝 아이돌 그룹에 대해 말할 때 심심치 않게 나오는 표현 중 하나는 '칼군무'다. '칼군무'는 스페인어로는 어떻게 표현할 수 있을까? '칼'과 '군무'에 대응되는 스페인어를 찾아봐야 할까? 당연히 아니다. 영국 언론사 BBC의 스페인어판 BBC Mundo는 최근 BTS를 다룬 한 기사에서 baile meticulosamente coreografiado라는 표현을 썼다. 한국어로 직역하면 '세밀하게 짜인 안무' 정도가 되겠는데 결국 칼군무를 의미한다. 이처럼 의미를 최대한 살리면서 원어민이 들었을 때에도 단번에 이해할 수 있는 자연스러운 표현을 찾아내는 것이 중요하다.

> ## 일대일대응에 대한
> ## 집착을 버려야 한다

    통역을 처음 배우는 학생들에게 추천하는 훈련으로 한한통역이 있다. 말 그대로 한국어로 된 지문을 듣고 한국어로 통역해 보는 것이다. 어떤 내용을 들었을 때 모든 단어를 기억하고 앵무새처럼 복기하는 것이 아니라 들은 내용을 머릿속에 형상화한 이미지나 의미로 기억하고 이를 나만의 언어로 재구성하는 습관을 들이는 연습이다. 통역을 처음 배울 때는 대부분 내용을 의미 단위로 기억하고 핵심 메시지를 자연스러운 표현으로 전달하는 데 집중하기 보다는 단어 하나하나에 대한 일대일 대응을 찾는 것에 집착하게 된다. 물론 통역할 때는 모든 내용을 정확히 기억했다가 해당언어(도착어)로 전달하는 것이 중요하지만 이것이 단어 대 단어로 옮기는 작업을 두고 하는 말은 "절대" 아니라는 것이다. 메시지의 의미와 뉘앙스를 정확하게 살리면서 스페인어나 한국어를 자연스럽게 표현할 수 있는 방법은 스스로 고민해 봐야 한다. 통역뿐 아니라 아니라 내 생각을 외국어로 말하거나 글을 쓸 때에도 마찬가지다. 내가 전달하고자 하는 메시지를 상황과 문맥에 맞게 가장 잘 살려줄 수 있는 표현을 생각해 내야지 존재하지도 않는 일대일 대응 표현을 찾는 데 시간을 허비하거나 '한국어스러운 스페인어'를 만들어선 안 될 것이다.

필자는 현재 KBS 월드라디오 KBS World Radio 에서 스페인어 방송원고를 쓰고 프로그램 진행도 맡고 있다. 한국의 다양한 뉴스를 스페인어권 청취자들에게 전달하는 것이 주된 업무다. 라디오는 모든 것이 소리로만 전달되므로 전달력이 특히 중요하다. 청취자가 크게 집중하지 않더라도 귀에 쏙쏙 들어올 수 있도록 해야 한다.

처음 일을 시작했을 때는 최대한 '있어 보이는' 스페인어 표현을 쓰는 것이 좋은 줄 알았다. 하지만 일을 하면서 유려한 미사여구를 늘어놓는 것보다 간결하고 쉬운 문장으로 표현해 전달력을 높이는 것이 훨씬 중요하다는 교훈을 깨달았다. 이제는 원고를 쓸 때 내가 선택한 표현이 스페인어권 국가 청취자들이 한 번 듣고 바로 이해할 수 있는 것인지, 한국문화를 잘 모르는 청취자들의 마음에 바로 와 닿을 수 있는 것인지 고민을 많이 한다.

여러분도 스페인어로 문장을 쓸 때 그 문장이 라디오 방송을 통해 청취자에게 소리로 전달된다면 과연 의미가 단번에 잘 전달될 것인가를 기준으로 삼아보면 어떨까? 언어를 배우는 제1 목표는 단연 소통이다. 상대가 한 번에 이해하지 못한다면 고급스러운 어휘와 표현으로 멋을 부린 문장은 아무런 의미가 없다는 점을 항상 기억하자.

2. 구글 검색과 친해지기

외국어 표현이 떠오르지 않을 때 무엇을 가장 먼저 하는가? 많은 이들이 사전으로 직행한다. 사전은 너무나도 유용한 외국어 학습 도구다. 하지만 사전에만 의존하는 것은 좋지 않다.

최근 AI를 활용한 채용방식과 관련된 기사를 하나 읽었다. 이제는 AI 면접관이 지원자의 임기응변력을 판단할 정도의 수준이라고 한다. 자, 이제 이 내용을 스페인어로 설명한다고 생각해보자. '임기응변력'을 스페인어로 뭐라고 해야 할지 일단 난감할 것이다.

사전을 찾아보면 '임기응변'을 remedio imprevisto라고 한다. '예측 불능의'라는 형용사와 '대책, 요법'이라는 명사의 조합인데 여기에 능력에 해당하는 capacidad을 붙인다고 해서 임기응변력이라는 의미가 전달되는 것은 아니다. 필자는 사전에서 힌트를 얻어 구글링을 해보곤 한다. 임기응변력이라는 것은 예상치 못한 상황에 대처하는 능력을 말하는 것이 아닌가? '예측불능의'를 imprevisto라고 한다는 것을 사전을 통해 알았으니 구글 검색창에 imprevisto와 능력을 의미하는 capacidad 또는 habilidad, 그리고 채용 상황이니 채용 면접이라는 의미의 entrevista de trabajo를 모두 넣고 검색해본다. 그러면 채용 지원자에게 요구되는 능력에 관한 기사들이 여럿 나올 것이고 '예측 불가능한 상황에 대응하는 능력'에 해당하는 la capacidad de lidiar con imprevistos와 같은 표현이 실제로 많이 사용된다는 것을 확인할 수 있다.

이처럼 주요 키워드를 검색엔진에 넣어본다거나 비슷한 주제의 스페인어 기사를 찾아보는 것은 새로운 표현을 발견하는 데 유용하다. 이 과정을 통해 궁금했던 단어나 표현뿐 아니라 해당 단어가 어떤 동사와 형용사, 부사 등과 함께 사용되는지 확인할 수도 있다.

구글 검색엔진이 단어나 표현을 찾는 데만 유용한 것은 아니다. 원어민이 아닌 이상 스페인어의 모든 어휘의 뉘앙스를 이해한다거나 모든 전치사나 관사의 활용법을 완벽하게 숙지하기는 어렵다. 이 동사 뒤에는 어떤 전치사를 넣는 게 맞을까? 내가 생각하는 형용사가 이 명사에 어울릴까? 이 상황에서는 어떤 어휘를 사용하는 게 적절할까? 등이 고민된다면 내가 쓰고자 하는 표현이 공신력 있는 스페인어권의 매체에서 실제로 사용되고 있는지 검색을 통해 확인해볼 필요가 있다. "돌다리도 두드려 보고 건너라"는 말처럼 의심하고 또 의심해보자. 내가 맞는다고 믿고 있는 표현이나 문법이 실제로 스페인이나 중남미에서 사용되고 있는지 확인하자. 나도 번역할 때 이러한 자기 감수 과정을 자주 거친다.

3. 인풋input 없는 아웃풋output은 없다

통역을 하기 위해 첫 번째로 필요한 능력은 무엇일까? 나는 무엇보다 '잘 듣기'가 중요하다고 생각한다. 일단 잘 들어야 들은 내용의 의미를 정확하게 전달할 수 있기 때문이다.

실제로 통번역대학원 입학시험에는 외국어 청취 자료를 듣고 그 내용을 한국어로 요약하는 테스트가 포함되어 있다. 사실 외국어를 잘 듣는 것은 결코 쉬운 일이 아니다. 입학시험일이 다가올수록 "선생님, 아직도 잘 안 들려요. 어떡하죠?"라고 초조해 하며 하소연하는 학생들이 많아진다. 사실 외국어를 청취할 때 아무리 집중해도 도통 잘 들리지 않아 답답했던 경험은 외국어를 공부하는 사람이라면 누구나 한 번쯤은 있을 것이다. 그렇다면 어떻게 해야 스페인어 청취 실력을 업그레이드할 수 있을까?

잘 듣기 위해서는 무엇보다 먼저 '읽기 인풋'을 충분히 늘려야 한다. 독해도 안 되는 내용을 계속 듣고만 있다고 청취실력이 저절로 늘는 만무하다. 읽기 인풋을 늘린다는 것은 청취학습뿐 아니라 말하기나 작문 실력 향상에도 중요하다. 자연스러운 스페인어를 구사하기 위해서는 우선 내 머릿속에서 꺼내 쓸 수 있는 재료가 풍부해야 하기 때문이다. 소설과 에세이 및 칼럼 등 최대한 다양한 종류의 글을 스페인어로 자주 접하는 것이 좋은데, 시사관련 어휘나 표현을 익히기 위해서는 단연 신문만한 것이 없다. 하지만 막상 공부를 해보려고 스페인어권 국가의 주요 신문사 웹사이트에 들어가 보면 수많은 기사들 중 도대체 어떤 것을 봐야 할지 고민이 되는 경우가 많다.

우리는 대부분 스페인이나 중남미 국가를 둘러싼 경제나 정치현황에 대해 깊이 있는 배경지식이 없기 때문에 관련 뉴스를 독해하는 데 어려움을 느낄 수 밖에 없다. 때문에 처음에는 국제면 기사를 보면서 뉴스 읽기에 조금씩 흥미를 붙여나가는 것을 추천한다.

보통 국제면에는 아시아와 유럽, 라틴아메리카 등 세부 지역별로 뉴스가 분류되어 있다. 아시아 지역 카테고리에는 한국이나 북한과 관련된 뉴스도 종종 게재된다. 확실히 내용을 알면 더 쉽게 이해할 수 있다.

BBC나 CNN과 같은 해외 주요 매체들은 스페인어 뉴스사이트를 따로 운영하기도 한다. 주요 국제뉴스나 스페인과 중남미 지역에서 가장 중요한 사건을 주로 다루기 때문에 공부자료로 활용하기에 유용하다. 우리나라의 KBS 월드라디오나 연합뉴스 같은 언론매체도 각 분야의 국내뉴스를 스페인어를 비롯한 주요 언어로 제공하고 있다. 우리가 미리 한국어 뉴스로 접해 익숙한 내용이기 때문에 독해하기가 훨씬 수월하다.

> 66
> 인풋 없이는 아웃풋도 없다
> 99

이렇게 독해 실력을 어느 정도 갖췄다면 '듣기 인풋'을 적극적으로 늘려야 한다. 처음에는 자막이나 스크립트가 있는 청취파일로 시작하는 것도 좋다.

내가 어떤 부분을 놓치는지 바로 확인할 수 있기 때문이다. 라디오를 들을 때처럼 스페인어로 된 음성파일을 평소에 그냥 틀어두는 것도 방법이겠지만 확실히 집중해서 들어야 학습효과가 좋다. 전사(받아쓰기)를 하며 듣는다거나 듣는 동시에 따라서 말하는 쉐도잉Shadowing을 한다거나, 핵심 내용을 노트테이킹Note taking하면서 들어보자. 처음부터 새로운 자료를 찾으려 하지 말고 하나의 자료를 완벽히 들을 수 있을 때까지 여러 번 반복해서 듣는 것을 추천한다.

중급 이상의 학습자들이 많이 활용하는 청취자료는 뉴스다. 유로뉴스Euronews 스페인어 버전https://es.euronews.com이나 보이스 오브 아메리카VOA 스페인어판https://www.voanoticias.com 등에는 영상뉴스가 게시되어 청취를 연습하는 데 유용하다. 속도는 빠른 편이지만 분량이 짧고 대본이 홈페이지에 모두 공개되기 때문이다.

자료를 어떻게 활용해서 통역을 연습하면 좋을지 학생들에게 추천한 방법은 이렇다. 통역사를 목표로 하지 않더라도 청취를 연습하는 데 도움이 될 것 같아 적어본다.

먼저, 처음부터 끝까지 전체 파일을 쭉 청취하며 핵심내용을 파악해본다. 한 번 듣고 주제를 파악하기 어렵다면 될 때까지 여러 번 듣는다. 이제 다시 처음으로 돌아가 2~3개의 문장을 들은 후 일시정지 버튼을 누르고 한국어로 바로 통역해본다. 이때 안 들리는 부분에 집착하지 말고 이해한 것 위주로 통역한다. 끝까지 다 통역했다면 다시 처음으로 돌아가는데 이번에는 노트테이킹을 하며 4~5개의 문장을 들은 후 일시정지 버튼을 누르고 한국어로 바로 통역해본다.

"나는 전문통역사다"라는 자기암시와 함께 자신감 있게 연습해보라. 어차피 연습할 때는 통역사도 청중도 나 하나뿐이니 뭐 어떤가? 여기까지 다 했다면 이제 듣기파일 전체를 받아써본다. 시간이 오래 걸리고 짜증이 날 수도 있겠지만 하고 나면 분명 뿌듯할 것이다. 그러니 중도에 포기하지 말자.

그럼 이번에는 받아쓰기한 내용과 스크립트를 대조해본다. 내가 놓친 단어는 무엇이었는지 반드시 확인하고 모르는 표현이나 관련 배경지식도 건너뛰지 말고 공부하라. 마지막으로 청취파일을 처음부터 틀고 짧게 끊어가며 통역연습을 다시 해본다.

KBS 월드라디오 http://world.kbs.co.kr/spanish도 통번역대학원 입학을 준비하는 학생들이 청취연습을 위해 많이 활용하는 자료다. 익히 잘 알고 있는 국내이슈를 주로 다루기 때문에 더 잘 들을 수 있다. 그 외 스페인 공영방송 RTVE 프로그램 중 국제뉴스를 분석하는 Cinco Continentes http://www.rtve.es/alacarta/audios/cinco-continentes, 유엔에서 운영하는 UN News의 오디오뉴스 https://news.un.org/es/audio-hub도 청취공부에 매우 유용하다. 쉐도잉을 연습한다면 중남미에서 발음과 억양이 가장 중립적인 편으로 알려진 콜롬비아나 멕시코의 아나운서나 연사의 음성자료를 추천한다. 물론 스페인 발음을 따라 쉐도잉해보는 것도 좋다.

듣기를 좀더 재미있게 연습하는 방법은 드라마나 영화를 보는 것이다. 요즘은 넷플릭스 같은 플랫폼을 통해 자막과 함께 다양한 문화콘텐츠를 즐길 수 있다. 국내에서 공부할 경우 원어민을 매일 만나 대화하지 않는 이상 스페인어의 수많은 관용표현이나 농담의 뉘앙스를 따로 배울 방법은 마땅히 없지만 드라마나 영화는 이런 문제를 해결해줄 좋은 소스다. 물론 같은 스페인어권이라도 국가마다 사용하는 관용표현은 조금씩 다를 수 있다는 점은 기억해두자.

드라마나 영화 외에 TED 스페인어TED en español도 청취를 지루하지 않게 공부할 수 있는 좋은 자료다. 그 다음 단계로 다큐멘터리나 유튜브를 통해 다양한 국가의 다양한 발음을 덜 정제된 언어로 들어보면 좋겠다.

조금 덧붙이자면, 스페인어는 다양한 발음과 억양에 익숙해지는 것도 중요하다. 스페인어는 전 세계 20여개국의 공식어로 사용되고 있다. 국가마다 발음이나 억양, 용어 때로는 문법까지도 조금씩 다르기 때문에 그 어떤 언어보다 청해가 더 어려운 것 같다.

필자가 처음 번역한 영화는 쿠바영화제 상영작이었다. 쿠바의 스페인어는 발음이 특이하기로 유명하다. 현지인들은 'd'나 's'를 묵음으로 처리하거나 'l'을 'r'로 발음한다. 그래서 스페인어가 모국어인 사람도 이해하기가 쉽지 않다. 같은 구간을 수도 없이 돌려보는 등 번역에 참 애를 많이 먹었던 기억이 난다.

여러분이 언제 어디에서 어떤 스페인어를 접하게 될지 모른다. 평소에 특정한 국가의 듣기 자료만 공부하지 않았나 생각해보고 혹여 그래왔다면 다양한 국가의 발음과 억양을 접해보는 노력을 조금 더 기울이면 좋겠다. 특히 통역사를 꿈꾸고 있다면 어떤 국가의 클라이언트를 만나게 될지 모른다.

하루는 스페인 인사들이 잠석하는 한 행사에서 동시통역을 한 적이 있다. 스페인어는 발화속도가 빠르기로 유명한데 사람마다 차이는 있겠지만 특히 스페인 사람들이 구사하는 스페인어는 대체로 빠르다. 이날도 동시통역을 하고 있는 걸 아는지 모르는지 스페인 측 연사들의 발화속도는 랩을 방불케 할 정도로 빨라 진땀이 절로 났다. 모든 스페인어 화자가 아나운서처럼 또렷한 발음과 적당한 속도, 완벽한 문법으로 말한다면 정말 좋겠지만 실상 그러지는 않는다. 어떤 스페인 원어민을 만나도 겁부터 먹지 않으려면 듣기 연습을 부지런히 해두는 것이 좋다.

스페인어권 국가에 살고 있지 않으니 일부러 찾지 않으면 스페인어를 들을 수가 없다. 잘 안 들리는 것이 당연하다. 몇 번 연습도 안 했는데 어떻게 갑자기 귀가 뚫리겠는가? 특히 듣기는 하루아침에 늘지 않는다. 청취파일 몇 개 듣고 "역시 나는 안 되겠어!"라며 포기하지 말고 '듣기 인풋'을 꾸준히 늘려보면 좋겠다. 느리지만 연습은 배신하지 않는다는 진리를 분명 느끼게 될 것이다.

4. 중급에서 고급으로 가는 길

언어를 배울 때 중급에서 고급 수준으로 넘어가는 과정이 가장 더디고 고통스러운 것 같다. 스페인어 구사능력 평가는 유럽어 공통기준에 따라 A1, A2, B1, B2, C1, C2 총 6개의 단계로 나눈다.

완전 초급 레벨인 A1에서 시사이슈에 관한 의사표현과 자연스러운 대화가 가능한 것으로 보는 B2 레벨까지는 의지와 노력이 있다면 생각보다 빠르게 도달한다. 하지만 더욱 분석적으로 표현할 수 있는 C1 수준이나 원어민 수준과 비슷한 C2로 나아가기는 매우 어렵다. 문법책에 나오는 내용을 모르는 것도 아니고 조금 어려운 텍스트도 어느 정도 독해가 되고 원어민과 회화도 할 수준이라면 다음 단계로 넘어가기가 쉽지 않다. 학습자 입장에서는 이 구간을 언어학습 정체기로 느껴 중간에 포기하거나 슬럼프에 빠져 공부를 아주 놓아버리기도 한다.

통번역대학원 입학에 도전하고자 수업에 오는 학생들을 보면 스페인어 정체기에 있는 경우가 많다. 무언가 부족한 건 알겠는데 도대체 어떤 부분을 더 보완해야 할지 몰라 무작정 공부하다 지치거나 속상해 하곤 한다. 이 마의 구간에서 탈출하려면 먼저 나에게 부족한 부분이 무엇인지, 어떤 것을 잘 틀리는지 정확하게 파악하는 것이 중요하다.

해외에서 오래 살다 온 교포도 유창성은 너무도 뛰어나고 스페인어로 소통하는 데는 크게 문제가 없지만, 비문을 만든다거나 문법적인 오류를 범하는 경우가 종종 있다. 수업을 들으며 발표에 대한 크리틱이나 작문 첨삭을 통해 여태 몰랐던 부족한 부분을 스스로 확인하며 충격을 받기도 한다.

스페인어뿐 아니라 다른 외국어도 마찬가지다. 중급에서 상급에 등극하려면 자기의 어학실력을 객관적으로 판단하는 것부터 시작해야 한다. 물론 이를 위해서는 학원이나 과외를 통해 내가 쓴 글이나 발화에 대한 평가를 선생님에게 받는 것이 가장 좋겠지만 모두에게 실현이 가능한 옵션은 아닐 것이다. 하지만 의지만 있다면 스스로 할 수 있는 방법은 얼마든지 있다.

한 가지 방법으로 필사 transcription를 꼽을 수 있다. 내가 말하고자 하는 필사법은 단어를 그대로 베껴 쓰는 작업이 아니다. 한 개 또는 두 개의 문장 정도를 읽고 바로 외운 다음 원문은 보지 못하게 덮어두고 암기에 의존해 문장을 써보는 것이다. 그리고 난 후 원문과 대조해본다. 그러면 내가 어떤 시제를 잘못 썼으며 성수일치 같은 기본적인 문법 오류는 범하지 않았는지, 관사나 전치사 등이 헷갈리거나 이를 누락하진 않았는지 꼼꼼히 확인할 수 있다. 필사를 연습하면 해당 표현을 자연스레 외우게 되니 일석이조다.

'번역'도 좋은 독학 방법 중 하나로 꼽힌다. 먼저 스페인어로 된 텍스트를 하나 선택해 한국어로 번역한다. 처음부터 텍스트가 너무 길면 번역하는 데 시간이 오래 걸려 지레 겁을 먹거나 지칠 수 있으니 300~400자 정도의 짧은 길이의 글을 선택하는 것을 추천한다. 그러고 나면 한국어 역문을 다시 스페인어로 번역해본다. 물론 원문은 보지 말아야 한다. 번역을 마치면 원문과 대조해본다.

이 방법은 처음에는 정말 오래 걸리지만 한두 번 하고 나면 실력 향상에 도움이 많이 되는 것을 느낄 수 있다. 한국어로 번역하는 과정에서는 정확하고 꼼꼼하게 해석하는 습관을 기를 수 있고, 한국어에서 스페인어로 옮기고 원문을 대조해보면 어떤 한국어 표현을 번역할 때 어려움을 느끼는지 어떤 문법을 잘못 사용하며 어휘력은 얼마나 부족한지 확인할 수 있다. 한국어로 보았을 때는 익숙하고 쉬운 표현인데도 막상 스페인어로 옮기려고 하면 쉽지 않다는 사실을 깨달을 것이다. 아울러 동일한 어휘를 반복해서 사용하지는 않는지도 점검해볼 수 있다. 예컨대, '~을 위해'라고 할 때 'con el objetivo de', 'a fin de' 등 다양한 옵션을 생각하지 않고 'para'만 주야장천 쓰지는 않았는지 스스로 확인하게 된다는 것이다. 이때 번역하는 스페인어 텍스트가 어려울 필요는 없다. 스스로 독해할 수 있는 신문기사나 칼럼 정도면 된다. 독해하기 쉬운 것과 그 정도 수준의 텍스트를 직접 쓸 수 있는가는 또 다른 문제다.

5. 일단 시작하자

앞서 말했듯이, 개인이 가지고 있는 어학 수준과 학습 속도, 선호하는 공부법 등에 따라 필자가 제시한 방법은 효과적일 수도 있고 그렇지 않을 수도 있다. 다시 한 번 말하지만 외국어 공부에 절대적인 답은 없다. 모든 방법론을 떠나 이 글을 읽고 있을 독자들에게 말하고 싶은 조언은 "일단 시작하라"는 것이다. 내가 추천한 방법도 좋고 다른 책이나 수업에서 알려주는 방법도 좋다. 스페인어로 된 텍스트를 아무거나 하나 골라 독파하는 것부터 해도 좋다. 시작이 반이라 하지 않던가. 어떤 방법이든 상관없으니 일단 시작해보자. 공부를 하다 보면 꾸준히 흥미를 갖고 해나갈 수 있는 자신만의 요령을 찾을 수 있을 것이다.

> *일단 시작하자!*

김지은
이사도라 킴

모스크바 차이코프스키 국립음악원

의료관광 홍보회
한국무역협회 유라시아 무역상담회
대한민국 브랜드 엑스포
애니메이션 '마샤와 곰' 줄거리 번역
『이상한 피아니스트』 저자

"
자신감이 생기고
말문이 트이기 시작했다
"

러시아어의 매력 속으로

"휴... 아니, 러시아어는 대체 누가 만든거야?"

러시아어를 공부하는 사람들이라면, 땅이 꺼져라 내쉬는 한숨과 함께 한 번쯤 이 말을 해보았을 것이다. 한없이 높아만 보이는 벽, 걸어도 걸어도 끝이 나오지 않는 길. 내가 왜 하필이면 이 '러시아어'라는 언어를 선택해 공부하기 시작했는지 후회해본 사람도 적지 않을 것이다.

러시아어는 인도유럽어족 슬라브어파 계열의 동슬라브어군에 속하는 언어로, 러시아, 동유럽, 중앙아시아 등 넓은 지역에서 사용되고 있으며 구사자가 약 3억 명에 달하는 세계의 주요 언어 중 하나이다. 시간이 흐르면서 러시아어의 수요는 계속 늘고 있고, 영어, 중국어, 프랑스어, 스페인어, 아랍어와 함께 러시아어 또한 UN공식언어 중 하나로 지정되어 있기 때문에 배울 만한 가치가 충분한 언어이다. 특히 러시아 문학을 사랑하는 사람이라면, 러시아어를 체계적으로 공부해 푸쉬킨, 톨스토이, 도스토옙스키 등 위대한 대문호들의 작품들을 원어로 읽어보는 것을 꿈꾸어 봤을 수도 있겠다.

다른 언어에는 찾아볼 수 없는 '무언가'가 있는, 고유의 아름다움과 한 번 빠지면 헤어나올 수 없는 특별한 매력이 넘치는 언어가 바로 러시아어이지만, 이 매력을 알게 되기까지는 많은 고통과 인내의 시간이 필요한 것 같다.

필자는 러시아의 수도, 모스크바에서 유학한 지 이제 4년차에 접어들었다. 학비와 생활비를 마련하기 위해 1년 전 부터 뛰어들었던 통역 아르바이트. 동시에 두 가지 언어를 사용하며 양측 간 소통에 최대한 불편함이 없도록 재빨리 적절한 문장을 생각해내어 화자의 의도를 올바르게 전달하는 일, 눈치·순발력·집중력의 3박자를 모두 필요로 하는 이 통역이라는 일에 나도 모르는 새에 차츰 매력을 느끼게 되어 단순히 돈을 벌기 위함이 아닌, 사람과 사람 사이를 연결해 주는 다리 역할을 충실하게 해내고 싶은 마음에 조금 더 진지하게 임해보기로 결심했다. 물론 수십 년간 전문 통역사로 일하고 계신 많은 선배님들에 비하면 명함도 못 내미는, 갓난아기와도 같은 턱없이 부족한 실력이지만 말이다.

극한의 난이도를 자랑하는 러시아어의 어려움과 영하 30도에 이르는 혹독한 겨울 날씨, 생활하기에 쉽지 않은 환경 때문에 러시아에서 유학을 하는 학생들은 다른 나라에 비해 그리 많지는 않지만, 러시아로 단기연수 혹은 교환학생으로 와서 체류하며 공부를 해본 학생들 중에서는 이 나라만이 가진 특별한 매력에 끌려 다시 한 번 장기 학업을 목표로 유학을 오는 경우가 종종 있다.

러시아 대학 입학에 있어 필수 조건이자 가장 통과하기 어려운 난관이 바로 이 '러시아어' 인데, 외국인 학생들이 본과로 입학을 하기 위해서는 반드시 러시아어 시험을 통과해야 한다. 그러나 강의를 듣고 자유자재로 교수님과 대화하며 수업을 따라가고 구술시험을 볼 수 있을 정도의 언어수준이 되기까지는 상당한 어려움이 있기 때문에, 대부분의 대학교에서는 1-2년간의 예비학부를 운영하여 집중적인 러시아어 공부를 비롯해, 학부 입학시험을 체계적으로 대비시킨다.

하지만 1년 코스의 예비학부를 거치고 바로 대학과정의 강의를 아무런 어려움 없이 듣고 따라간다는 것은 사실 말도 안 되는 이야기이다. 그래서 필자의 학부 입학 초기에는, 모든 강의 내용을 녹음해 집에 가서 느린 속도로 몇 번이고 다시 들어보며 모르는 단어들을 찾아보고, 관련 책을 찾아 일일이 해석하며 읽고 정리하느라 24시간이 모자랄 정도였다.

아무리 공부해도 끝이 없어 보이는 이 '러시아어'라는 하늘과도 높은 장벽에 매일 부딪히며 수없이 눈물을 흘렸던 기억. 오랜 시간을 투자해도 내가 원하는 만큼의 빠른 발전이 보이지 않아 자주 절망했었다. 어학공부 초반 1년 정도는 늘 제자리인 듯 매우 더딘 성장을 보이다가, 1년 반이 지나며 2년째가 되자 신기한 일이 일어났다. 그동안 묵묵히 쌓고 또 쌓아왔던 언어공부가 드디어 빛을 발해, 자신감이 생기고 말문이 트이기 시작한 것이다.

자신감이 붙은 김에 통역 아르바이트에도 바로 뛰어들었다. 집 계약, 현지 대학 접수 등의 개인 일상통역부터, 러시아 바이어와의 비즈니스 미팅통역, 치과, 화장품, 의료관광 등의 박람회까지 다양한 분야에 종사하는 사람들의 통역원으로서 일을 하며 매번 흥미롭고 새로운 경험을 쌓아나가는 중이다. 통역사로 활동하는 것의 가장 큰 장점은, 내가 현재 속한 영역 밖의 여러

분야의 사람들과 소통하면서 세상을 더욱 다양한 시각으로 보게 된다는 것이다. 더불어 평소에 잘 쓰지 않던 단어들을 이 일을 하며 외우고 사용함으로서 개인적인 어휘의 폭도 훨씬 넓어지는 것을 느끼게 되었다.

다음은 필자가 러시아어를 알파벳부터 배우기 시작하며 느낀 점들이다. 현재 러시아어를 공부하고 있는 사람들이라면 충분히 공감할 것이다.

그림 같아 보이는 키릴문자들을 겨우 눈에 익혀났다 싶었는데, 발음을 해보려니 만만치가 않다. 한국어에는 존재하지 않는 발음들이 있기 때문에 특히 주의를 기울여야 한다. 혀를 떨어 발음해야 하는 Р발음부터, Л과 Ль, З와 Ж 등을 정확하게 구별해 발음하는 것 등, 무엇하나 쉬운 것이 없다.

자, 알파벳을 드디어 떼었나 싶었는데 이번엔 강세(ударение, 우다레니에)가 나를 괴롭힌다. 강세가 찍힌 모음 외에 다른 모음들은 발음법이 변화한다. 그런데 이 부분에 따로 규칙이 정해져 있는 것도 아니고, '여기쯤 찍혀있겠지' 하고 읽으면 알고보니 다른 엉뚱한 곳에 붙어있고, 아무리 읽고 또 읽어도 이놈의 강세 실수는 피할 수가 없다. 예를 들어, 'Замок' 이라는 단어는 а에 강세가 오면 '성城'이라는 의미이고, о에 강세가 오면 '자물쇠'라는 전혀 다른 뜻의 단어가 되는데, 강세에도 워낙 불규칙이 많아 외국인들은 러시아어 텍스트를 읽거나 대화를 할 때 이 부분에서 잦은 실수를 하게 된다. 원어민 입장에서는 문맥상으로 이해는 하겠지만 듣기에 굉장히 어색하다고 느낄 것이다.

러시아어 공부 초기에 발음과 강세를 확실하게 잡지 않고 어물쩍하게 넘어가게 되면 말을 할 때나 글을 쓸 때에 항상 스펠링이 헷갈려 단어들을 외우거나 활용하는 데에 큰 어려움을 겪게 된다. 반드시 시간이 걸리더라도 원어민의 발음에 가깝게 따라하려 연습하고, 스스로 소리 내어 천천히 정확한 강세와 발음으로 문장 하나하나를 읽어보는 것이 중요하다.

또한 강세만큼이나 중요한 것이 바로 '억양'이다. 러시아어는 독특한 억양 구조(Интонационная конструкция, 줄여서 '이까-ИК' 라고 부른다)를 가지고 있는데, 종류는 7가지이지만 기본 학습단계에서는 5가지 정도를 배운다. 평서문을 비롯해 의문문, 감탄문 등 각각의 고유한 억양이 있다. 예를 들어, «우리가 내일 어디서 만나면 좋을까?» 라는 의문문이 있다고 치자. 한국어는 문장의 끝을 올리는 반면 러시아어는 질문의 핵심인 '어디서'에만 포인트를 주어 강하게 때리듯이 이야기 하고 나머지 부분은 모두 내리게 된다. 이렇듯 러시아어의 억양은 한국어의 것과 많이 다르기 때문에, 스스로가 말하는 톤이 어색하다고 느껴지더라도 계속 소리를 내어 반복하며 연습해보아야 한다.

기초 수준의 대화를 구사하는 데에도 상당한 노력이 필요하다. 간단한 문장 하나를 말하는 데에도 뭐가 이렇게 복잡한지. 명사의 성, 동사변화, 시제, 완료/불완료상, 그리고 격 변화까지 몇 번을 생각하고 또 생각하고 나서야 겨우 내가 말하고자 하는 한 문장을 입 밖으로 내뱉을 수가 있다.

이 밖에도 아무런 이유없이 그냥 무작정 외워야 하는 수많은 불규칙 변화들과 각종 운동동사, 수사 등… 너무나 복잡한 문법 때문에 몇 번이고 중간에 책을 넢어버리곤 한다.

하지만 그럼에도 결국은 내가 졌다는 듯, 다시한 번 마음을 다잡고 책을 펼쳐 공부를 이어나가게 되는 이유는 무엇일까, 무엇이 이토록 나를 끌어당기는 것일까? 러시아 최초의 석학碩學이자 모스크바 국립대학교의 창립자인 미하일 로모노소프М. Ломоносов는 "러시아어에는 스페인어의 웅장함, 프랑스어의 생동감, 독일어의 견고함, 이탈리아어의 부드러움, 희랍어와 라틴어의 간결함과 풍부함이 있다"고 자신의 책에 설명하였다. 그렇다. 무섭게 쏘아붙이듯 말하는 것 같다가도, 때로는 극세사 이불을 덮은 듯 한없이 부드러운, 때로는 새가 지저귀듯 귀엽고 생동감있게 느껴지기도 하는 신기한 언어. 문법이 너무 까나로워 공부하기에는 힘들지만, 그만큼 표현하고자 하는 것을 러시아어만큼 하나하나 세밀하고 정확하게 표현할 수 있는 언어가 또 어디에 있을까? 바로 이러한 매력들 때문에 우리는 또 다시 이끌려 책상 앞에 앉게 되는 것이다.

"나를 정복하겠다고? 네가 감히?"라며 튕겨내다가도 또 언제 그랬냐는 듯 나를 확 끌어당기는 '밀당의 신' 러시아어. 어떻게 하면 조금 더 쉽고 재미있게 공부할 수 있을까?

먼저 언급하고 싶은 한 가지. 언어를 공부함에 있어서 가장 중요한 것은 무엇보다 '적극성'과 '꾸준함'이라고 말하고 싶다. 물론 개인적으로 러시아에 거주하며 현지 문화를 직접 피부로 경험할 수 있었던 것이 많은 도움이 되었지만, 단순히 언어를 공부하기 좋은 상황이 주어져있다고 해서 나의 언어구사 실력이 저절로 느는 것은 아니기 때문에, 누구보다도 언어를 공부하는 학생 그 자신이 주변의 모든 것에 관심을 갖고 부지런히, 여러 다양한 측면에서 최대한 자주 언어와 관련된 모든 것을 접하려 최선을 다해야 한다.

5살, 한글을 떼야 등록을 하게 해주겠다는 피아노학원 선생님의 말씀을 듣고 필사적으로 한글 공부에 매달렸었다. 마침내 받침이 있는 낱말들까지 읽을 수 있게 되었을 때, 무작정 할머니의 손을 잡아끌고 밖으로 나가 거리의 간판이란 간판은 모조리 다 소리내어 읽고, 신문이나 잡지 등을 잡히는 대로 펼쳐 읽다가, 모르는 단어들을 발견하면 이게 무슨 뜻이냐며 끈질기게 질문해 할머니를 귀찮게 하곤 했었다.

모스크바 현지에서 러시아어를 처음 배우기 시작했을 때, 그동안 꼭꼭 숨어있었던 이 호기심 넘치는 다섯 살의 꼬마아이가 내 안에서 다시 되살아났다. 식당을 가면 메뉴판을 꼼꼼히 읽어보며 음식 관련 단어들을 접하고, 지하철을 타면 노선도에 있는 역 이름들은 물론, '노약자와 임산부에게 자리를 양보하세요,' '문에 기대지 마십시오' 등의 안내말을 꼼꼼히 살펴보며 어떤 단어, 어떤 격변화가 쓰였는지 생각해보고, 거리를 걸으면서도 끊임없이 간판 하나하나를 읽어보면서 모르는 단어들을 그자리에서 휴대폰으로 검색해보는 등, 내 눈과 머릿속은 밖을 나서면 쉴 틈이 없이 새로운 정보들을 받아들이기에 바빴다. 비단 언어 뿐만 아니라 무언가를 배울 때, 그것에 대한 관심과 호기심이 가장 큰 동기이자 빠른 속도로 익힐 수 있는 촉진제와 같은 역할을 한다고 생각한다.

러시아에 어릴 때 이민을 오게 되어 오랜 시간 자연스럽게 배운 것이 아닌, 성인이 되어 알파벳 공부부터 시작해 많은 고충을 겪으며 지금도 이 언어를 더욱 매끄럽게 구사하기 위해 열심히 노력해나가는 한 사람으로서, 필자가 생각하는 러시아어 공부 팁을 몇 가지 소개해보고자 한다.

1. 유튜브 적극 활용

사실 필자의 전공은 클래식피아노이고, 본업은 피아니스트이다. 하지만 보통의 음악 전공생들과는 다른 특별한 점이 있는데, 바로 초등학교를 다닐 때를 제외하고 대학에 들어오기 전까지 피아노 레슨을 받지 않고 독학을 했다는 사실이다. 어떻게? 바로 세계 최대의 동영상 공유 사이트인 유튜브YouTube를 통해서다. 매일 수많은 피아니스트들의 영상들을 보며 따라서 연습하고, 나 자신만의 채널을 개설해 연주영상들을 올려 전세계 음악전공자들에게 평가와 조언들을 받곤 했다.

유튜브는 영어, 러시아어, 히브리어 등의 여러가지 언어를 공부하고 있는 지금도 매일 빼놓지 않고 활용하고 있을 만큼 나의 어학인생에서 아주 중요한 부분이다. 지금도 1분에 400시간이 넘는 분량의 동영상들이 사이트에 업로드된다. 그렇다보니 매일 폭포수처럼 쏟아지는 동영상들 가운데 어학공부를 위해 사용할 만한 자료들도 상당 부분을 차지한다.

긍정적인 생각을 가진 사람, 성공하는 사람들은 어떠한 상황이 주어졌을 때 불평부터 늘어놓지 않는다. 오히려 얼마나 사소한 것이든 그 속에서 배울 점을 찾아내고, 모든 것을 좋은 방향으로 활용하여 자신이 발전할 수 있는 기회로 삼는다. 현지에 살고 있지 않아서 그 나라 언어를 배울 수 없다고 생각하는가? 꼭 러시아에 가야지만 러시아어를 배울 수 있는 것은 아니다. 우리가 해야 할 것은, 생각의 범위를 넓히는 것과 잘 '검색'하는 일이다.

기초 러시아어의 험난한 산들을 넘어 6격변화, 완료/불완료상까지 이해했다면, 이제 언어실력을 중-고급까지 늘릴 수 있는 가능성은 무한하다. 사람들은 자신이 관심있는 분야가 있고, 유튜브에 들어가도 그에 대한 관련 동영상들을 찾아보기 마련이다. 생각을 아주 조금만 바꿔보자. 관심 분야의 영상들을 보되, '러시아어로' 시청해보기 시작하는 것이다. 여행에 관심있는가? 러시아 유튜버의 여행 브이로그를 보자. 요리에 관심이 있는가? 여러가지 러시아 음식 조리법들을 살펴보자. 요리 레시피와 언어, 두 마리 토끼를 한 번에 잡을 수 있을 것이다.

기타 연주 테크닉을 향상시키고 싶은가? 러시아에 훌륭한 기타리스트들의 테크닉 강의가 넘쳐난다. 들으면서 따라하다 보면 음악 관련 단어들도 러시아어로 익히게 됨과 동시에 멋진 연주실력도 뽐낼 수 있게 될 것이다.

러시아 동화와 애니메이션 등도 추천한다. 어린이들을 위한 영상이기 때문에 아이들이 이해하기 쉽도록 구연자가 비교적 느린 속도와 정확한 발음으로 이야기를 들려주며, 더불어 예쁜 그림들까지 함께 감상할 수 있다. 개인적으로는 최근에 나온 만화들 보다 구소련 시절의 만화 '악어 게나 Крокодил Гена,' 러시아의 곰돌이 푸 '비니-뿌흐 Винни-Пух' 부터 시청하기를 권한다. 귀여운 러시아 애니메이션 캐릭터들에 어느새 빠져있는 자신을 발견할 수 있을 것이다.

스스로 생각하기에 자신의 실력이 중급 정도이고, 왠만한 기본적인 대화가 자연스럽게 가능한 수준이라면, 'Это Жизнь' 이라는 채널을 찾아 여러 사람들이 살며 겪는 인상적인 에피소드들을 애니메이션처럼 움직이는 그림들과 함께 이야기하듯 풀어내는 일기 형식의 영상늘을 시청해보기를 권한다. 우리의 일상속에서 일어나는 이야기들이기 때문에 많은 공감을 할 수 있으며 실제 생활에서 바로 활용할 수 있는 표현들이 곳곳에 보석처럼 숨어있다. 더불어, 때로는 여러가지 주제로 토론하듯 이야기하는 팟캐스트 등을 들어보기도 하고, 러시아의 문화나 생활풍습 등을 설명해주는 영상도 시청해보고, 예술이 높은 수준으로 발달한 러시아의 음악, 발레, 미술, 문학 등에 관심이 있다면 이에 대한 다큐멘터리 등을 커피 한 잔과 함께 원어로 감상하면 이보다 더 달콤한 휴식은 없을 것이다. 이와 같은 방법으로 가능한 여러 분야의 다양한 이야기들을 들으며 어휘를 늘려나가는 것이 좋다. 길은 많고 가능성은 무한하다는 것을 기억하자. 긍정적으로 생각하며 늦었다고 생각히지 말고 매일 꾸준히, 작은 도전을 이어나가자.

2. 책, 텍스트 읽기

필자가 러시아어 공부를 하며 가장 신경쓰며 많은 시간을 투자했던 부분 중에 하나가 바로 독해이다. 여러 인물들의 생애나 러시아의 도시, 문화 등을 소개하는 짧은 텍스트부터 시작해 러시아어 번역판 어린왕자, 또는 체홉, 톨스토이 등 러시아 작가들의 단편 소설들을 시간이 날 때마다 읽고 또 읽었는데, 이 때 단순히 텍스트를 읽고 이해하는 것에만 그치는 것이 아니라 한 문장 한 문장을 쪼개어 보며 어떤 격에 지배를 받아 단어의 끝이 어떻게 바뀌었는지를 분석해보고, 이해가 되지 않을때는 선생님과 원어민 친구들에게 다시 물어보며 완전히 이해한 다음, 스스로 그 격을 활용해 자신만의 문장을 만들어 사용해보는 단계까지 가려고 노력했다. 처음 접하거나 잘 외워지지 않는 단어들은 따로 단어노트에 정리하고 어떤 동사 뒤에 어떤 격이 와야 하는지도 계속해서 암기했다. 텍스트를 읽거나 원어민이 하는 말을 듣고 이해한다고 해서 내가 그것을 완전히 알고 있는 것은 아니며, 새로 외운 단어나 문법을 실제로 일상생활에서 자신이 쓰는 문장에 스스로 적용하여 활용해볼 수 있는 정도가 되어야 '진정으로 알고 있다, 내 것이 되었다' 라고 말을 할 수가 있는 것이다. 그렇기 때문에 언어를 공부할 때에는 항상 배우려는 자세와 겸손함을 가지고 임해야 하는 것 같다.

앞에서 영상을 활용하는 것에 대해 이야기한 것과 마찬가지로, 책을 읽을 때에도 내가 좋아하는 작가의 작품, 혹은 이미 한국어로 예전에 읽어서 내용을 잘 알고 있는 책부터 시작하는 것을 추천한다. 주변에 같이 러시아어를 공부하는 친구가 있다면, 텍스트를 보지 않고 자신이 읽은 내용을 요약해서 서로에게 이야기Изложение 해보는 것도 아주 좋은 방법이다.

3. 소셜 네트워크 서비스를 이용해 원어민 친구 사귀기

한국인이 대체로 외국어를 배울 때 가장 힘들어하는 부분이 바로 스피킹이다. 누가 뭐라 할 사람도 없는데, 발음이나 문법이 틀릴까봐 스스로 먼저 주눅이 들어 절대 입을 열지 않는다. 외국인을 만나 말하기 연습을 할 기회가 찾아와도, '중간에 틀리면 어떡하지?' '내가 하는 말을 듣고 저 사람이 비웃으면 어떡하지?' 같은 생각 때문에 말을 걸 용기조차 나지 않는다. 하지만 외국어를 잘 하기 위해선, 반드시 이 벽을 스스로 허물어야 한다. 처음부터 완벽한 사람이 어디 있겠는가. '너도 사람이고 나도 사람이다' 라는 생각으로 마음을 비우고 외국인과 대화를 일단 시작해보자. 틀리고 실수를 좀 하면 어떤가? 그것을 고쳐나가려고 하는 노력이 계속 쌓이고 쌓이다 보면 실수는 자연히 줄어들고 자신감이 붙기 시작할 것이다.

물론 한국에 사는 러시아어 원어민을 사귀게 된다면 대화 연습을 하기에 이보다 더 좋은 기회는 없을 테지만, 원어민을 실제로 만나 대화할 수 있는 환경이 아니거나 시간적 여유가 없다면, 여러 소셜 네트워크 서비스SNS를 이용해 친구를 사귀어보는 것을 권한다. 인터넷을 통한 원어민 친구와의 채팅과 음성메시지 교환 등으로, 지루하다고 느껴질 수 있는 단조로운 일상 속에 충분히 재미있게 소통하며 언어도 덤으로 배울 수가 있다. 가능하면 한국에 관심이 있거나 한국어를 공부하고 싶어하는 러시아어 구사자를 찾는 것이 가장 좋다. 서로의 공통된 관심사를 찾아 언어를 교환하면서 서로의 실수를 고쳐주고 함께 발전해 나갈 수 있는 좋은 경험이 될 것이다.

하지만 한 가지 주의할 점이 있다. 원어민과의 대화에만 모든 것을 의지해 단어 외우기나 텍스트 독해 등의 개인적인 공부를 소홀히 하지 말아야 한다는 것이다. 많은 언어들 가운데에서도 특히 러시아어는 말을 할 때 머리를 많이 써야 하는 언어이다. 원어민 친구를 사귀며 대화를 계속 하다보면 듣는 귀가 트이고 여러가지 유용한 표현들을 익힐 수는 있겠지만, 결국에는 자신이 말을 하려고 하는 문장의 구조와 격 변화 등을 완전히 이해하지 않으면 원어민이 듣기에 내용은 이해가 가나, 문법을 파괴하고 마구잡이로 내뱉는 말처럼 들릴 것이다. 가장 좋은 방법은 책읽기, 영상 시청하며 듣기연습하기, 그리고 러시아인 친구와 대화하기 등 가능한 한 모든 수단을 활용하는 것이다. 이렇게 하면 어느 한 쪽으로만 치우치지 않고, 말하기·듣기·읽기·쓰기 모든 영역을 골고루 발전시킬 수 있다.

'적극성'과 '꾸준함,' 이 두 가지는 몇 번을 강조해도 지나치지 않다고 생각한다. 자신이 언어에 타고난 재능이 있는지 없는지는 크게 중요하지 않다. 배우고자 하는 언어와 그 나라에 대한 관심, 그것에 더욱 가까이 다가가기 위해 날마다 조금씩 투자하는 시간과 노력, 새로운 것을 즐겁고 긍정적인 마음으로 받아들이고자 하는 자세가 합쳐진다면, 우리 모두는 반드시 원하는 목표에 도달할 수 있을 것이라 확신한다. 러시아어를 공부하는 모든 이들에게 격려와 응원의 말을 전한다. 우다치(Удачи, 파이팅)!

> 66
> '너도 사람이고 나도 사람이다'라는 생각으로
> 마음을 비우고 외국인과 대화를 일단 시작해보자
> 99

Le français

문소현

한국외국어대학교 통번역대학원

前 현대엔지니어링 인하우스 통번역사
前 GE Power Systems Korea
  인하우스 번역사

풀무원 다논
TV조선 해외예능 번역
세계교육포럼 카메룬 대표단
프랑스 여행사 Club Med, Ponant
홀트아동복지재단

> 가장 중요한 것은 일상에서
> 외국어 학습을 습관화하는 것이다

외국어 학습의 진심과 꾸준함

돌이켜 생각해보면 늘 언어를 좋아했고 새로운 언어에 대한 호기심이 가득했다. 어릴 때부터 책이나 영화 등 다양한 매체를 통해 교과서 밖의 세상을 경험하면서 그들이 커뮤니케이션하는 방식에 관심이 많았다. 학창시절에는 영어를, 프랑스어를 처음으로 접한 열일곱 살 이후로는 프랑스어를 좋아했고, 그렇게 공부하다보니 통역사가 되었다.

열정과 진심의 힘

무엇이든 제대로 하기 위해서는 끈기를 갖고 포기하지 않아야 한다. 언어 숙달은 장기전이므로 지치지 않고 학습을 지속하기 위해서는 동력이 필요하다. 특히 프랑스어를 공부하는 사람이라면 지치는 순간을 수도 없이 마주하게 될 것이다. 한국어와 프랑스어는 구조도 언어를 구사하는 방식도 매우 달라서 초급 단계에서 발음과 문법에 충격을 받고 점점 고급으로 갈수록 좌절의 순간을 맛보게 된다. 이렇게 지치는 순간 다시 힘을 내게 하는 본인만의 열정과 진심이 필요하다.

계속 뛸 수 있는 지구력은 설렘과 열정에서 나온다고 믿는다. 그 열정은 우선 설레는 목표일 수도 있다. 언젠가는 좋아하는 작가의 책을 원어로 느끼는 기쁨을 누리고 싶은 마음, 원어민 앞에서 멋지게 프리젠테이션을 하는 날을 꿈꾸는 것 등의 본인만의 고유한 목표가 매일의 습관과 노력에 동력이 되어줄 것이다. 그런 목표에 소중한 경험이 더해질 때 그 열정은 더 오래 지속된다.

아름다운 프랑스 샹송을 듣고 설레던 기억, 프랑스 레스토랑에서 불어로 첫 주문을 한 날, 좋아하는 작가의 문장을 번역 없이 이해했을 때의 짜릿함 같은 잊지 못할 작은 성취가 쌓여 결국 공부를 지속하게 하는 힘이 될 것이다.

언어 학습에 사실 최종 도달 지점은 없다. 어학 자격증을 취득한다고, 대학교나 대학원 졸업장을 손에 쥔다고 끝나는 것이 아니다. 언제든 학습을 게을리 하면 잊어버리고 실력이 후퇴한다. 끝없이 공부해야 유지라도 되는 까다로운 분야가 언어다. 어느 한 순간을 위해 학습하는 것이 아니라 외국어로 원활하게 원어민과 대화할 수 있는 사람이 되고 싶다면 지속적으로 꾸준히 공부해야한다. 어느 목표지점까지 외국어를 완성하더라도 외국어를 쓰지 않으면 실력이 다시 후퇴하기 때문이다.

초·중·고등학교 12년 영어 공부해서 대학수학능력시험 외국어영역에서 좋은 점수를 받은 국내 유수 대학생들이 4학년 졸업반 때 너나 할 것 없이 토익학원에서 공부하는 것도 대학 4년 동안 영어를 쓰지 않았기 때문이다. 계속 잘하려면 계속 공부해야하며 평생 공부할 수 있는 힘은 일차적으로 체력에서 나오겠지만 근원적으로 진심과 열정이 있어야 지속할 수 있다.

필자의 경우, 프랑스어의 아름다움과 표현의 섬세함, 언어를 접할 때마다 설레는 마음이 지금까지 공부를 지속하게 한 원동력이다. 일을 하다보면 여러 가지 이유로 지칠 때가 있다. 그럼에도 불구하고 변하지 않는 것은 내가 여전히 프랑스어를 참 좋아한다는 것이다. 불어를 공부하는 사람은 알겠지만 프랑스어에서는 직접적으로 말하지 않고 에둘러 표현하곤 한다. 때로는 왜 이렇게 꽈배기처럼 꼬아서 말하나 싶다가도 그런 표현방식이 참 매력적이라고 새삼 실감한다.

흔히들 언어는 도구일 뿐이라고 이야기한다. 하지만 언어로 직업 활동을 하는 사람에게 언어는 그 이상의 의미이다. 때로는 원문의 난이도나 표현의 모호성에 절망하기도 하지만 결국 다시 또 설레고 반한다. 내 마음대로 되지 않아 속상할 때도 있지만 결국 좋아하는 마음이 너무 커서 돌아오고야 마는 오래된 연인을 대하는 마음과 같다.

이 글을 읽는 독자 여러분도 자신만의 목표를 향한 열정과 진심을 갖고 학습에 임한다면 작심삼일이 아니라 오랫동안 언어를 학습하며 실력을 쌓을 수 있을 것이다.

기본적인 암기는 필수

대부분의 한국인이 외국어 공부를 할 때 문법을 익히고 단어장을 만들어서 '공부'한다. 한국에서 태어나 한국어로 공부한 국내파인 필자 역시 학창시절 검정색 펜으로 외국어 표제어를, 빨간색 펜으로 한국어 등가어를 작성한 다음 붉은 셀로판지 카드로 가려가며 한국어 뜻을 암기하곤 했다. 이런 학습법을 비판하며 '외국어는 암기하는 것이 아니다'라고 주창하는 사람들이 있는데 이는 암기하기 싫어하는 사람들을 유인하기 위한 전략일 뿐이다. '저절로 외워지는 학습법'은 있을지 몰라도 '외우지 않고도' 술술 말하는 외국어 학습법은 없다. 기초 단계의 암기 학습이 이루어지지 않으면 다음 단계로 넘어갈 수 없다. 자연스럽게 익히기 위해서는 어느 정도의 암기가 필수적이다. 암기학습에 길들여져 달달 외우는 것 외에 다른 방법을 알지 못하고, 암기만 하다가 외국어 학습에 지쳐서 중단하는 것이 문제이지, 외국어 학습 초반의 암기 자체가 틀렸다고 할 수는 없다.

냄비에 물만 넣고 라면을 끓일 수는 없다. 라면을 끓이기 위해서는 기본적으로 면과 스프가 필요하다. 그 외에 기호에 따라 파, 떡, 청양고추 등 첨가해서 요리한다. 외국어 학습도 마찬가지이다. 기본적인 발음을 암기하고, 문장의 뼈대를 학습하고 꼭 필요한 부분은 소리 내어 연습하면서, 깜지를 작성해가면서 외워야한다. 그래야 그 다음 단계로 넘어갈 수 있다.

기초 문법 다 틀려도 의사소통 잘하는 사람들 많고, 문법은 자연스럽게 학습하는 것이니 외우지 말라고 하는 사람도 있지만 동의할 수 없다. 달리기도 오랫동안 잘 달리기 위해서는 어떤 자세로 달려야하는지 배워야하고 악기를 제대로 잘 연주하기 위해서는 악보 보는 법을 배워야한다.

'내가 뱉은 문장이 비문이면 사람들이 흉보겠지'라고 생각하며 말을 아끼는 습관이 문제이지 문법 학습 자체를 부정할 수는 없다. 기초 문법을 모르면 단어를 이어가며 의사소통은 할 수 있겠지만 좋은 문장을 말할 수는 없다.

그렇다면 전통적인 방식으로 학창시절에 공부하듯 계속 외우기만 하면 될까? 그렇지 않다. 외국어 학습에서 암기는 필수적이지만 암기가 전부는 절대로 아니다.

외국어를 배울 수 있는 환경 조성

한국어를 잘하는 외국인에게 한국어를 어떻게 배웠냐고 물었을 때 대학교에서 한국어를 전공했거나 한국어학당에서 배웠기 때문에 잘한다고 대답하는 사람은 드물다. 대부분 "한국 친구들과 많은 시간을 보냈어요.", "한국인 여자 친구를 만났어요.", "한국 가수를 좋아해요." 등 생활에서 자연스럽게 학습했다는 대답을 한다. 물론 그들도 기본적으로 한글을 외우고 기초적인 문법은 암기했을 것이다. 하지만 거기에서 멈추지 않고 스스로 외국어 학습을 위한 환경을 구축해서 좀 더 수월하게 학습하였다.

앞서 말한 꾸준한 학습과도 연결되는 맥락인데 외국어를 '공부'하는 것보다 '익히는' 것이 장기전에 유리하다. 그렇다면 외국어 능력을 향상시킬 수 있는 환경이란 무엇일까? 가만히 있어도 외국어 실력이 부쩍 상승하는 방법이 있냐고 묻는다면 안타깝게도 그런 건 없다. 자신의 성격과 처지에 맞도록 학습 환경을 구성하고 스스로 학습해야 한다.

(1) 당신이 외향적인 사람이라면

새로운 환경에 잘 적응하는 외향적인 사람이라면 원어민이 있는 환경으로 본인을 자주 노출하고 실수를 두려워하지 말고 말하라. 많은 사람들이 해외여행을 다녀오면 영어공부를 해야겠다고 말하는데, 그 사람들은 다음해 해외여행에 다녀와서 또 똑같은 말을 한다. 여행지에서 유창하게 말하는 사람들을 부러워하며 침묵으로 일관하다가 부러움만 안고 귀국하는 것이다. 부러워만 하지 말고 한 마디라도 내뱉고 손짓, 발짓을 동원하더라도 커뮤니케이션을 시도하는 것이 중요하다. 핵심은 본인이 처한 환경을 최대한 잘 활용하는 것이다. 해외 출장이나 해외여행이 예정되어 있다면 실전 회화를 준비하고 실전에서 한 마디라도 더 해보면 된다.

프랑스어를 공부하는 지인 한 명이 회사에서 프랑스인에게 인사해야할 일이 있다고 연락을 해왔다. 본인이 불어로 직접 인사를 하기 위해 회화 연습을 하기 위함이었다. 물론 비즈니스 회의 등 중요한 자료라면 필수적으로 전문 인력을 고용하겠지만, 서로 인사하는 가벼운 자리에서 사전에 학습한 바를 바탕으로 직접 불어로 자신의 직무를 설명하고 다가가는 노력을 한 것이다. 이런 것이 본인이 처한 상황을 십분 활용하는 것이다. 이 사례의 경우 상대에게 좋은 이미지를 주는 효과도 있다. 이런 훈련을 지속한다면 언젠가는 유창한 불어로 업무를 할 수 있는 날이 올 지도 모른다.

언어 교환 프로그램

앞선 사례의 경우 운이 좋게 본인이 공부하는 언어의 원어민을 자연스럽게 만날 기회가 있었지만 그렇지 않다고 하더라도 외국인에게 용기 있게 다가가 스몰 토크를 시도하면 된다. 필자는 서울 시청 앞 스케이트 광장에서 스케이트를 타다가 프랑스인과 친해져서 그 친구가 한국에 머무르는 내내 정기적으로 만나 언어 교환을 하기도 했다. 백 퍼센트 장담하지는 못하겠지만 대부분의 외국인은 자국어로 말을 걸어주는 로컬에게 호의적이다. 입장을 바꿔서, 한국인이 프랑스 여행 중인데 그 곳에서 한국어로 인사하는 프랑스인에게 적대적인 감정을 갖는 사람은 없을 것이다.

지인의 지인을 통해 원어민을 소개받아도 좋고, 그게 여의치 않다면 다양한 어플리케이션으로 원어민을 만날 수 있다. 물론 모르는 사람을 만날 때는 신중에 신중을 기하도록 하자.

언어교환 프로그램은 잘만 활용하면 아주 좋은 방법이다. 언어 교환을 할 때는 큰 규칙을 함께 정하는 것이 좋다. 예를 들어 한 시간은 외국어를, 한 시간은 한국어로 대화하기로 함께 정하고 그 안에서 융통성 있게 조절할 수 있다. 많은 학습자가 외국어로만 이야기하고 싶어 하는데, 외국인 입장에서도 본인의 한국어 학습 수요가 채워지지 않는다면 이 언어교환 프로그램은 오래 지속되기 어렵다. 대학교에 언어 교환 프로그램이 많은데 관심사가 비슷하다는 이유만으로 섣부르게 파트너를 선택했다가 외국어 학습은 뒤로한 채 여가활동만 즐기다가 끝나는 사례를 수차례 보았다. 파트너를 선택할 때는 본인이 외국어에 간절한 만큼 파트너도 한국어를 진심으로 배우고 싶어해야하고, 구체적으로 정하지는 않아도 대략적인 규칙은 반드시 설정하고 시작하는 것을 추천한다. 즐겁고 캐주얼하게 진행하되 학습하는 열의만큼은 진지해야 한다.

필자의 경우 평소 외국어학습을 하다가 헷갈리는 구문이나 문장 등 궁금한 사항을 정리해서 언어교환 시간에 그 갈증을 해소했다. 언어교환 파트너는 한국어로 일기를 써오기도 하고 흥미로운 한국어 뉴스를 보고 함께 이야기하기도 했다. 수동적으로 학원이나 학교에서 학습하는 방식을 벗어나 다양한 방식을 시도하며 자신에게 딱 맞는 외국어 학습 방법을 찾을 수 있는 계기가 될지도 모른다.

특히나 중급에서 고급으로 넘어가는 단계의 학습자라면 전문가가 해주는 피드백이 얼마나 중요한 지 실감할 것이다. 일반적으로 구문이 틀리거나 문장에 오류가 있어도 커뮤니케이션이 그럭저럭 되고 이해만 되면 원어민은 굳이 지적하지 않는다. 상대가 무안해질까봐 배려해서 말하지 않는 경우도 있다. 그렇기 때문에 서로의 외국어 학습에 집중하는 언어 교환 프로그램은 오류를 교정하고 외국어 실력을 완성 단계로 끌어올리는데 주요한 역할을 할 것이다.

(2) 당신이 내향적인 사람이라면

외국어를 아무리 잘하고 싶다고 해도 외국어 학습을 위해 (1)번 정도의 용기까지 낼 수 있는 성격이 아니라고 말하는 사람이 많을 것이다. 사실 요즘엔 인터넷에 다양한 콘텐츠가 있어서 잘 활용하면 충분히 실력 향상에 도움을 받을 수 있다. 혼자 있는 시간을 많이 확보하고 그 시간에 본인이 직접 조성해둔 외국어 학습 환경에 본인을 노출하면 된다. 그렇다면 외국어 학습 환경이란 무엇일까? 따로 애쓰지 않아도 외국어가 들리고 보이는 환경이다.

자투리 시간에는 듣기를, 따로 빼놓은 시간에는 읽기와 쓰기를 하는 학습 방법을 권장한다. 특히 중급 이상의 학습자라면 듣기에 적합한 환경을 갖추는 것을 추천한다. 우선 팟캐스트나 유투브 등 다양한 플랫폼에서 본인이 좋아하는 채널을 고른다. 관심 분야에 있는 것으로 아무거나 하면 되는데, 가능하면 언어 외적으로 배경지식이 있는 분야가 이해하기에 편안하다. 심리와 고민 상담에 관심이 있는 사람은 그런 종류의 신변잡기적 채널을, 정치와 국제 뉴스에 관심이 있는 사람은 뉴스 채널을, 경제에 관심이 있는 사람은 경제 채널을 고르면 된다. 이 채널을 고르는 것이 막막하다면 유투브나 블로그 등 다양한 SNS에서 외국어 학습자들이 추천하는 채널부터 시도해보자. 그 중에서 본인의 관심사와 난이도에 맞는 것을 선택하면 된다. 어떤 채널이든 상관없지만 개인적으로는 표준어를 구사하는 채널을 추천하고 싶다. 프랑스어 학습자라면 캐나다나 아프리카 채널보다는 프랑스 채널을 추천한다. 왜냐하면 이렇게 고른 프로그램은 한두 번 듣고 말 것이 아니라 정기적으로 꾸준히 들어야 하기 때문이다. 다양한 프랑스어권의 발음과 악센트에 익숙해지는 것도 중요하지만 일차적으로는 표준어로 학습하는 것이 좋다고 생각한다.

이렇게 좋아하는 프로그램을 선택했다면 매일의 일상 속에서 언제 들을지를 선택하라. 필자는 출근하기 전 아침 준비 시간에 10분 정도의 팟캐스트를 들으며 시작한다. 이런 식으로 매일 반복되는 루틴에 프로그램 청취를 끼워 넣는 것이다. 학생이라면 등굣길에서, 회사원이라면 출근길 대중교통이나 자가용에서 들어도 좋고 화장을 하는 여성이라면 아침에 화장하면서 틀어놓아도 좋다. 출근길에 못 들었다면 퇴근길에 들어도 상관없지만 중요한 건 본인만의 원칙을 정해 꾸준히 하는 것이다.

가능하다면 들으면서 새도잉까지 하면 듣기와 말하기를 함께 연습할 수 있다. 새도잉이란 들리는 그대로 발화하는 것이다. 속도가 빨라서 놓치면 그 다음부터 다시 시작하면 된다. 시간을 정해서 책상 앞에서 놓친 부분을 다시 뒤로 돌려가며 듣는 방법이나 받아쓰기를 하는 방법도 매우 좋은 방법이지만 생활 속에서 자연스럽게 외국어를 학습하는 방법으로는 새도잉이 가장 효율적이라고 생각한다. 출근길 운전하면서, 혹은 대중교통에서 혼잣말하듯 중얼중얼하는 것도 좋다. 혹은 출근길에는 청취만 하고 돌아오는 퇴근길에 같은 에피소드를 다시 들으며 새도잉을 하는 것도 좋다.

필자는 회사를 다니면서 통번역대학원 입시를 준비했기 때문에 다른 입시생에 비해 시간이 턱없이 부족했다. 그래서 외출 준비할 때와 출퇴근길에 두세 개 프로그램을 청취하고 섀도잉했는데 그 과정에서 청취능력 뿐 아니라 문장을 만드는 훈련도 된다는 것을 실감할 수 있었다. 그리고 지금까지도 이 방식으로 외국어 주입을 지속하고 있다. 우선 다른 사람 시선은 신경 쓰지 말고 자투리 시간에 듣기와 섀도잉을 하라고 말하고 싶다. 다른 사람은 당신이 생각하는 것만큼 당신에게 관심이 없다. 그럼에도 회사 셔틀버스를 타거나 동료와 카풀을 해서 다른 사람의 시선 때문에 섀도잉까지 하기는 어렵다면 그냥 듣기만 하는 것도 좋다. 여기에서 가장 중요한 것은 일상에서 외국어 학습을 습관화하는 것이다.

계속 듣다 보면 좋아하는 프로그램과 진행자도 생길 것이다. 그렇게 재미를 느끼면 더 오래 지속할 수 있다. 라디오에서 우연히 들은 가수의 노래에 반해 그 가수를 '덕질'하는 것처럼 특별히 좋아하는 진행자와 프로그램이 생긴다면 그것만큼 즐겁게 공부할 수 있을까?

많은 영어 학습자들이 영어 학습의 비결로 '미드 시청'을 꼽는 것도 같은 맥락이다. 프랑스 드라마는 영미권 드라마에 비해 상대적으로 재미있는 시리즈가 별로 없지만 그럼에도 불구하고 넷플릭스와 같은 플랫폼에서 프랑스 드라마를 쉽게 만나볼 수 있다. 외국 드라마 뿐 아니라 한국 콘텐츠를 볼 때도 자막 설정을 프랑스어로 해두면 그것 나름대로의 재미가 있다.

개인적으로는 영상콘텐츠의 경우 언어 뿐 아니라 영상이라는 언어외적정보가 너무 강력해서 덜 추천하지만, 이것도 활용하기 나름이다. 구간별로 끊어가며 좋아하는 장면을 돌려보고 어떤 장면의 대사를 통째로 외울만큼 그 콘텐츠가 마음에 든다면 그렇게 하면 된다. 어떤 공부방법이든 정답은 없다. 자신에게 가장 잘 맞는 방법을 '꾸준하게' 하면 그게 본인만의 정답이다.

통째로 외워라

지겹고 힘들어서 그렇지 통째로 외우는 방법이야말로 모든 외국어 학습 단계에서 효율적이다. 청취를 하거나 책을 읽을 때 여기저기 두루 써먹을 수 있는 문장을 발견할 것이다. 인상적인 문장을 메모하고 그 문장을 통째로 외우는 것을 추천한다.

어느 언어에나 그 언어를 사용하는 문화권의 정신이 들어있다. 한국어의 경우 자신을 드러내지 않는 것이 미덕이라고 여기는 관습 때문에 '나'라는 주어가 생략된 문장이 많다. 또 공동체 의식이 강해서 '우리'라는 표현을 많이 쓰곤 한다. '내 엄마', '내 아빠'라고 하는 서양어권과 달리 '우리 엄마', '우리 아빠'라고 말하는 것이 익숙하다. 이런 문화적 차이 때문에 필연적으로 '한국식 외국어 말하기'가 나오는데 그것이 바로 영어의 경우에는 '콩글리쉬', 일반적으로는 '직역투'를 낳는다.

한국인의 사고방식으로 학습한 외국어 단어를 조합해서 문장을 발화했는데 외국인이 이해를 못하고 "우리는 그렇게 말하지 않아"라는 대답을 하는 경우가 있다. 바로 한국인의 사고방식에서 탈피하지 못했기 때문이다. 이런 문제를 예방할 수 있는 가장 효율적인 방법은 통으로 문장을 암기해서 '입에 붙여놓는' 것이다.

필자의 경우 자주 실수하는 한국식 프랑스어와 프랑스어식 프랑스어를 비교하는 아래와 같은 표를 작성해서 셀프 교정을 하기도 했다.

On ne dit pas (We don't speak)	On dit (We speak)
...	...

이 방법은 말하기보다도 쓰기에서 더 효과적이었는데, 말하기의 경우 한국식 불어든 직역투든 청자가 이해하고 넘어가면 그것으로 의사소통에 문제가 없다. 하지만 쓰기의 경우는 이야기가 다르다. 어색한 불어가 활자로 남는 것은 상대적으로 더 끔찍한 일이라서 쓰기 실력 향상을 위해 이 표를 적극 활용했다. 어쨌든 쓰기 실력만 더 높아지거나 말하기 실력만 더 올라가는 것은 있을 수 없으므로 이렇게 공부하는 과정에서 전반적인 어휘와 문장 구사 능력이 좋아진다.

이와 더불어 매일매일 다섯 문장씩 통으로 암기하기도 하고 정제된 짧은 연설문을 통째로 외우기도 했다. 문장이든 단락이든 통으로 암기하면 자연스럽게 구조를 파악하게 된다. 문법만 여러 번 볼 게 아니라 그 문법이 문장에서 어떻게 쓰이고 그 문장이 모여 단락을 어떻게 구성하는지, 그 단락은 전체 글에서 어떤 역할을 하는지를 알게 된다. 물론 통째로 외울 때는 좋은 문장과 좋은 글을 선택해야 할 것이다.

프랑스인이 뱉는 말과 문장이 모두 좋은 프랑스어라고 할 수 없다. 모든 한국인이 제대로 된 한국어를 구사하지 못하는 것과 마찬가지다. 단순하게 가려낼 수 있는 좋은 프랑스어는 활자로 인쇄되어 출판되는 글이다. 소설이나 에세이 뿐 아니라 종이신문으로 매일 발행되는 프랑스 주요일간지의 기사라면 신뢰할 만하다. 영어를 마구 섞어 쓰는 잡지보다는 정제된 일간지의 특집 기사나 사설, 어린이나 청소년을 대상으로 하는 신문 등을 읽으면 좋다.

다시 말해보기

다시 말해보기란 프랑스어를 프랑스어로 다시 옮겨보는 방법이다. 통번역대학원 입학을 준비할 때 공부하던 방법이고 대학원에서도 수업 및 스터디 때 가끔 하기도 했는데 그 효과를 실감했던 아주 효율적인 외국어 학습 방법이다. 통역사에게는 순간적인 기억력도 키울 수 있는 훈련이라 한국어-한국어 혹은 프랑스어-프랑스어 통역이라고도 한다. 통역사만큼 외국어를 잘하고 싶은 게 아니라 의사소통을 자유자재로 하고 싶은 정도라고 하더라도 이 방법은 누구에게나 추천하고 싶다.

한 단락 정도를 듣거나 읽고 나서 원문을 덮어둔 채 그 내용을 본인만의 불어로 말해보자. 제대로 이해해야 내용을 파악할 수 있기 때문에 이해력도 높일 수 있고 그 내용을 나만의 불어로 내뱉는 과정에서 문장을 만드는 훈련도 할 수 있다.

어렵게 생각할 것 없이 친구에게 말하듯 편하게 이야기한다고 생각하고 다시 말해보자. 쉬워 보이지만 막상 해보면 잘 되지 않을 것이다. 100퍼센트 이해했다고 생각했는데 직접 발화해보면 본인이 이해하지 못한 부분이 어느 부분인지 정확하게 알 수 있다.

많은 자료를 주입하지만 제대로 소화하지 못한 채 새로운 자료를 접하는 경우가 많다. 물론 그렇게 엄청난 양의 자료를 주입하다보면 어느 정도는 '내 것'이 되겠지만 100개의 자료를 그렇게 한 귀로 듣고 한 귀로 흘리는 것보다 10개의 자료를 꼭꼭 씹어 소화하는 게 당연히 더 효율적이다. 그렇게 소화하는 방법으로 '다시 말하기' 방법을 추천한다. 언어교환프로그램을 하고 있다면 본인의 불어를 언어교환파트너에게 검증받는 것도 좋다. 피드백을 받으면 한 걸음 더 나아갈 수 있다.

진심과 꾸준함

정말로 제대로 하고 싶다면 진심으로 좋아해야 하고 꾸준하게 지속해야 한다. 많은 프랑스어 학습자들이 파리 여행 때 불어를 듣고, 어느 프로그램이나 영화에서 불어를 듣고 "너무 아름다워요!"라며 불어 공부를 시작한다. 그러나 그 열정은 여행의 기억이 흐려지듯 쉽게 사라지고 만다.

화려한 관광지에서 잠깐 사진 찍고 즐겁게 퇴장하는 것과 같은 마음으로 시작해서는 오래 지속할 수 없다. 앞서 말했듯 가장 중요한 것은 학습동기가 있어야 하고 거기에 작은 성취가 더해질 때 외국어 학습은 오랫동안 지속할 수 있다. 그런 진심을 갖고 묵묵하고 꾸준히 걸어간다면 어느새 실력이 훌쩍 향상되어있을 것이다.

> 화려한 관광지에서 잠깐 사진 찍고
> 즐겁게 퇴장하는 것과 같은 마음으로 시작해서는
> 오래 지속할 수 없다

이주아

이화여대 통역번역대학원 한중통역과
한중국제회의통역사 및 한중MC

8대 유엔사무총장 반기문 전담통역
중국정부 산하 주한중국문화원 전담통역
2018 한중일 정상회담 공동언론문
2019 실크로드국제협력 서울포럼
화이자, BMS제약, 덴티움 등 의학포럼

> 중국어는 된장이다
> 수천년 동안 숙성된, 맛이 깊은 된장

중국어 프레임을 장착하라

처음 이 책의 공동저자로서 집필에 참여하기로 했을 때 필자는 독자들이 어학 학습에 어떤 갈증을 느껴 이 책을 선택할지에 대해 고민을 많이 했다. 중국어 공부를 이제 막 시작한 초급 학습자일까? 아니면 수준급의 실력자? 통역사를 꿈꾸는 예비 통역사들? 아마도 매우 다양한 독자들이 각기 다른 필요에 의해 책을 선택했을 것이다. 사실 필자가 2000년도 초반 15살의 나이에 중국어를 배우러 유학을 간다고 주변 사람들에게 말했을 때 그들은 겉으로 표현하지 않았지만 '굳이 중국어를 왜?'라고 묻는 듯한 표정을 지었다. 하긴 필자도 중국인들이 21세기인 당시에도 여전히 중국 시대극의 배경처럼 전통의상인 치파오를 입고 고궁같이 생긴 마을에서 소림무술을 펼치며 생활하는 줄로만 알았으니 지금 생각하면 피식 웃음이 나올 정도다.

당시 한국인들은 중국이라는 나라에 대해 정말 무지했다. 하지만 지금은 어떤가? 몇 해 전 중국은 일본을 제치고 G2국가로 우뚝 섰고 지금은 최첨단 산업의 선두자리까지 넘보고 있으며 국가차원에서 드론을 비롯하여 AI와 블록체인, 핀테크 및 인슈테크 등 4차 산업혁명과 관련된 기술을 육성하기 위해 설립한 중관촌은 미국 실리콘밸리와 어깨를 나란히 하고 있다. 저가 제조업 기반으로 '세계의 공장'이라고 불리던 중국이 그 강력한 제조업 인프라를 통해 지금은 막강한 돈줄을 장악한 '세계의 금고'가 되었다. 이처럼 중국 굴기에 따라 중국어를 배우고자 하는 사람들도 꾸준히 증가했고 지금은 어디를 가도 중국어 실력자들을 쉽게 볼 수 있는 데다, 기업 또한 중국어에 능통한 인재를 채용하기 위해 열을 올리고 있는 추세다. 그런데 여기서 몇 가지 질문. 중국어는 대체 어떤 언어일까? 중국어의 가장 큰 특징은 무엇일까? 어떻게 하면 중국어를 본질적으로 더 잘 이해하고 배울 수 있을까?

이 책을 읽는 독자도 이에 대해 수없이 스스로에게 질문했으리라 생각한다. 필자도 마찬가지로 끊임없이 질문하고 해답을 찾고, 또 이미 찾은 해답을 반복해서 수정하고 있다. 그렇다, 이 파트는 필자가 오랜 시간 중국어를 다루면서 탐색했던 질문에 대한 해답을 많은 독자들과 공유하기 위한 것이다. 비록 미완의 답이지만 여러분 스스로 왕도를 찾는 데 조금이나마 도움이 될 수 있길 바란다.

사실 외국어를 자주 쓸 기회가 없는 환경 속에서 외국어를 꾸준히 연마하여 고급 레벨까지 끌어올리기에는 한계가 있기 때문에 많은 학습자들이 어느 순간 더 이상 실력이 느는 것 같지 않아 마치 보이지 않는 천정에 부딪힌 것과 같은 답답함을 느낀다. 특히 중국어는 한자 문화권에서 살고 있는 한국인들에게 쉽게 다가갈 수 있는 언어인 듯 보이지만, 안타깝게도 많은 학습자들이 실제로 중국어를 공부해 보고는 그 난해함에 깜짝 놀라 도망쳐 버린다. 물론, 그 난해함은 레벨이 향상될 때마다 배가 된다 … 우리는 '외국어에는 왕도가 없다. 무조건 많이 듣고, 말하고, 써라'라는 불변의 진리를 너무도 잘 알고 있다. 하지만 현지에서 어학을 배울 수 없는 우리의 환경이 뒷받침되지 않는데 난들 어쩌겠는가.

우리의 두뇌는 한번 학습하면 영원히 기억하는 인공지능이 아니다. 꾸준한 반복학습을 거쳐야 기억하고 응용할 수 있다. 이것이 바로 우리가 정규과정에서 수년간 영어를 배워도 막상 외국인이 길을 물으면 도망가고 싶은 충동이 생기는 이유다. 수업시간에 잠깐 암기만 할 뿐 실생활에서 사용할 기회가 없으니 응용력을 상실한 것이다. 따라서 필자는 단순한 단어나 문장 암기위주의 학습방식에서 벗어나 언어의 본질을 이해하여 스스로 심도 있는 학습을 할 수 있는 방법을 제시하고자 한다. 이 방법들은 이제 막 중국어를 알아가기 시작한 학습자들에게는 다소(어쩌면 매우) 어렵게 느껴질 수도 있다. 너무 복잡하고 어렵다는 느낌이 든다면 너무 구체적으로 이해하려고 안간힘을 쓰지 말고 간단한 개념을 잡는다는 느낌으로 편히 읽는다면 추후 중국어 레벨 상승에 도움이 될 것이다.

나는 현재 한중국제회의통역사로 활동하고 있고 16세부터 본 책의 출간일까지 약 18년간 중국어를 공부해왔으며(나이 계산은 금물) 앞으로도 학습 연수年數는 계속 증가할 것이다. 언어는 마치 세포처럼 끊임없이 생성되고 변화하기 때문에 학습을 멈추면 급변하는 언어환경에 좇아갈 수가 없다. 특히 통역사는 매회 통역 때마다 다양한 분야의 수많은 전문용어를 익히고 수시로 업데이트해야 하기 때문에 '평생 공부해야 하는 직업'이다. 이처럼 중국어를 장기간 공부해온 필자에게 중국어란 무엇인지 한 단어로 정의해보라고 한다면 주저없이 대답할 것이다.

'된장'

주의: 절대 나쁜 의미가 아니다

왜 '된장'일까? 일단 중국어는 배우면 배울수록 깊은 '맛'이 난다. 갑골문에서부터 현대 한어까지 인류의 언어문명이 발전하는 데 빠질 수 없는 한 축으로서 오랜 문명과 역사를 함축하고 있기 때문이다. 마치 끈적끈적한 고농도 엑기스처럼. 물론 중국어의 초중급 레벨에서는 깊은 맛을 느끼기 어렵지만 어휘가 늘수록, 오래 접할수록, 수준 높은 어휘를 익힐수록 수 천년 전의 인류문화가 중국어를 통해 고스란히 전달되기도 한다. 그만큼 높은 수준의 어휘가 끝도 없이 나를 기다리고 있다.

나는 분명 현대 한어에서 '아름다움'을 표현하는 단어를 모두 익힌 것 같은데 1500년전 어떤 시인이 사용했던 '아름다움'을 표현한 단어가 또 존재하고 현대인은 여전히 그 표현을 인용하며 그 당시 현인들의 숭고한 사상과 정신에 탄복한다. 나는 분명 어렸을 때 중국의 성인은 '공자'와 '맹자'라고 배웠으나 알고 보니 묵자, 순자, 노자, 손자, 장자, 한비자는 물론이고 관자와 열자도 있다. 심지어 중국인들은 이 고대 현인들의 명언을 아끼고 전승하며 지금도 일상생활에서 종종 사용하고 있다. 나는 분명 9만자까지는 아니더라도(한자가 총 몇 자인지는 아직도 정확한 통계가 없으나, 중국 한자 데이터베이스에 집계된 한자의 수는 91,251자이다) 현재 상용되고 있는 대다수의 한자를 모두 알고 있다고 생각했으나 매번 인명이나 지명을 볼때마다 모르는 글자가 계속 튀어나와서 혼란스럽기 짝이 없다. 나는 분명 중국 전역에 〈보통화 보급운동〉이 전개되고 있다고 들었으나 샨시陝西에서 오신 연사의 말을 도무지 알아들을 수가 없다 ….

종합해보면 필자가 중국어를 '된장'에 비유한 이유는 간단하게 세 가지다. 첫째, 끈기를 갖고 오래 배울수록 중국어에 배어 있는 역사와 예술, 인문 등의 풍미를 느낄 수 있다. 된장도 충분히 숙성되지 않으면 구수한 참맛을 느끼기 힘든 것처럼 말이다. 중국어는 중국인과 중국문화 그 자체이므로 매우 심도 있는 접근이 필요하다.

둘째, 매우 오랜 역사를 가진 언어이고 지금도 그 오랜 역사와 전통을 거의 완벽하게 유지하고 있다. 예컨대 지금으로부터 약 300년 전에 쓰인 윤음언해를 현대 한국인들이 본다면 의미를 전혀 파악할 수 없지만 기원전 400년에 쓰인 것으로 추정되는 공자의 중용中庸은 현대 중국인들도 글을 보면 대략 뜻을 유추할 수 있다.

셋째, 중국어는 그 자체로 중국인들이 가장 자랑스러워하는 '인류유산'이다. 한국인이 된장, 간장 등 장 문화의 우수성을 널리 알리고 계승하려는 것처럼 중국인은 자국의 언어인 중국어를 매우 사랑한다. 나중에 구체적으로 언급하겠지만 중국인들의 '외래어' 사용 패턴을 통해서도 자국 언어에 대한 중국인의 끝없는 애정을 살펴볼 수 있다.

이렇게 한국어와는 또 다른 고유한 특징을 가지고 있는 중국어를 어떻게 하면 더 잘 이해하고 습득할 수 있을까? 우선 한국인들이 중국어를 구사할 때 자주 저지를 수 있는 몇 가지 오류에 대해서 간단히 살펴볼 것이다. 이러한 오류는 주로 모국어인 한국어 프레임 속에 중국어를 끼워 넣기 때문에 발생하게 되므로 중국어 프레임 자체를 이해하는 것이 무엇보다 중요하다. 그리고 중국어에 한걸음 더 다가갈 수 있도록 한국인들이 다소 이해하기 힘들었던 중국어만의 특성을 파악하는 것 또한 중요하다.

시제에 너무 연연할 필요 없다

한국어에선 어미로 시제를 표현하고 그 표현방법도 매우 풍부하다. 심지어 표준적인 어법은 아니지만 '~**했었었다**'를 사용해 '정말 옛날엔 그랬었다'는 뉘앙스를 표현하기도 한다. 이렇게 다양한 시제에 익숙한 한국인들은 중국어를 배울 때 시제 처리에 많은 어려움을 느끼곤 하는데 중국어의 시제가 더 복잡해서가 아니라 오히려 너무 제한적이기 때문에 그렇다. 중국어에는 한국어처럼 어미도 없고 영어처럼 동사의 시제변화도 없다. 따라서 '~을 할 것이다'와 같은 미래를 표현할 때는 '会'와 '将'과 같은 부사 또는 '以后이후, 将来장래'와 같은 명사를 써주면 '我会(将, 以后, 将来)努力学习 나는 공부를 열심히 할 것이다'와 같이 간단하게 미래형 문장을 만들 수 있다.

한국인들이 가장 어려워하는 것은 중국어의 과거형 표현이다. 흔히 중국어에서는 '了'를 사용해서 동작의 완성, 즉 과거형을 나타낸다고 배우기 때문에 흔히 한국어의 구조 그대로 과거형을 표현하기 위해 '나는 알고 있었어'를 '我知道了'라고 말하거나, '나는 그 애가 싫었어'를 '我以前讨厌他了'와 같이 과거형에 무조건 '了'를 넣어 한국식 문장구조를 만들어버리는 오류를 범한다. 하지만 '了'는 행위를 나타내는 동사 뒤에 사용할 경우 과거를 나타내지만 심리적 행위를 나타내는 동사 뒤에 사용할 경우엔 '동작의 변화'를 의미하기 때문에, 위의 '我知道了'는 (전에는 몰랐지만) 이제 알았다'의 의미가 되고 '我以前讨厌他了'는 아예 틀린 문법이 된다. '了'의 용법에 대해서는 각 중국어교재에서 상세히 다루고 있기 때문에 더는 설명하지 않으련다.

사실 중국어의 시제는 한국어와는 달리 민감하지 않다는 점을 강조하고 싶다. 때문에 중국 연사의 말을 통역할 때도 이 내용이 도대체 하겠다는 건지, 했었다는 건지, 지금 이렇게 하고 있다는 건지 시제가 모호한 경우가 굉장히 많다.

하루는 한족 통역사의 중한통역 내용을 들은 적이 있는데 그는 '우리는 국가의 주권을 굳게 지킵니다我们坚决捍卫国家主权'처럼 문장의 모든 시제를 생략했다. 그도 그럴 것이 중국어에는 시제가 분명치 않기 때문이다.

통역을 하다 보면 문장 맨 앞의 '将~할 것이다' 하나가 그 뒤에 오는 5~6개 문장을 모두 수식하는 경우도 있어 대체 이 '将'이 어느 문장까지 꾸며주는 건지 판단하기가 매우 애매한 경우도 많다. 하지만 문장 말미마다 시제를 표현하는 한국인들의 언어 습관상 시제가 없으면 무언가 불편하다. 따라서 위의 문장을 한국어로 변환할 때에는 '주권을 지킬 것입니다' 또는 '주권을 지키고 있습니다'로 바꾸는 것이 좋지만 중국어로 표현할 때는 시제에 너무 얽매이지 않아도 좋다.

간단한 일화로, 예전에 어떤 학생은 필자에게 '전에 남자친구를 사귀기는 했었었다'를 중국어로 어떻게 말해야 할지 당최 모르겠다며 도움을 청한 적이 있다. 필자의 대답은? 간단했다. '我以前是有过男朋友(여기서 是은 과거를 강조하는 역할을 한다)'. 물론, 시제를 적절히 잘 사용할 수 있다면 금상첨화이긴 하지만 한국어의 어미에 포함된 다양한 시제를 그대로 중국어로 옮길 필요는 없다. 이 밖에 어미를 처리할 때도 '너 갈 거야, 안 갈 거야?'의 '거야'를 표현하려고 '你要去还是不要去?'라고 할 필요 없이 그냥 '你去不去?' 하면 된다. 중국어는 간결할수록 좋다.

중국어의 최소 단위는 '단어'가 아닌 '자(字)'이다

필자는 중국어를 처음 배울 때 중국어가 그렇게 재미있을 수가 없었다. 영어처럼 동사 시제변화로 두통을 일으키지도 않았고 한국어처럼 존칭어와 반말이 나뉘어 있지도 않은 데다 스페인어처럼 언어에 성별의 구분도 없어서 제법 쉽게 실력을 향상시킬 수 있었고 실력이 일취월장하니 스스로 뿌듯함에 더 열심히 공부했다. 하지만 초급과 중급단계를 지나 고급단계로 넘어갈수록 마치 중국어가 끝을 알 수 없는 블랙홀처럼 느껴졌고 통역사로 일하는 지금은 '평생을 공부한다 한들 중국어를 완전히 마스터할 수 있을까?'란 회의감도 느끼고 있다.

왜 이토록 중국어가 어렵게 느껴지는 걸까? 성조 때문일까? 물론 성조도 습득하기 매우 까다로운 요소이다. 하지만 중국어에 왜 성조라는 요소가 존재하는지를 생각해보면 정말 어려운 놈(?)은 따로 있다. 현재 공식적으로 중국 한자 데이터베이스에 집계된 공식 한자의 수는 91,251자다. 이토록 방대한 수의 글자가 각자 서로 다른 의미를 내포하고 있는데 그에 반해 사람이 발음할 수 있는 음절은 한계가 있다. 각국 언어 중 음절이 풍부한 편에 속하는 한국어도 2,600개 정도니, 9만개의 글자를 커버하기엔 어림도 없을 것이다. 중국인들은 숱한 글자를 발음으로 구분하기 위해 성조라는 요소를 첨가할 수 밖에 없었을 것이다.

자, 그렇다면 답은 나왔다. 중국어에서 가장 중요하지만 학습자로 하여금 두통을 느끼게 하는 것은 단연 '한자'이다. 알다시피 정해진 수량의 자음과 모음을 조합하여 글자를 구성하는 한국어 또는 영어와는 달리 한자는 사물의 형태를 문자화한 상형자이다. 우선 한자의 원형인 갑골문을 살펴보자. 잘 관찰하면 여러분이 알아볼 수 있는 글자도 발견할 수 있다. 수천 년 전의 문자를 지금도 알아볼 수 있다니 너무도 신기하지 않은가?

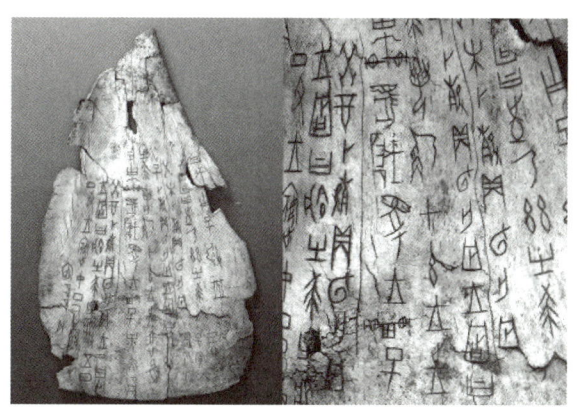

중국 최초의 문자로 알려진 갑골문

인류가 연상하는 사물의 형태는 변하지 않기 때문이다. 수천 년이 지나도 산은 여전의 산山의 모양을, 밭은 밭田의 형태를 유지하고 있다. 그렇기 때문에 어떤 의미도 갖지 않는 형태소의 조합을 통해 언어의 의미를 부여하는 한국어와 달리, 중국어의 한자는 글자 하나하나가 의미를 내포하는 단어이며 각 글자를 단어로 조합하여 더 복잡한 의미를 전달한다. 물론 이것은 한자를 접해본 세내라면 누구나 이해하고 있는 원리지만 정규교육과정에서 한자를 거의 접해본 적이 없는 젊은 층에게는 매우 난해한 개념인지라 중국어 학습자 중 상당수는 한국어의 각도에서 중국어에 접근하고 있다. 초중급 단계에서는 크게 상관없지만 중국어를 더 깊게 이해하고 싶다면 단어단위가 아닌 글자단위의 학습이 필요하다.

이렇게 말하는 가장 큰 이유는 현재 중국인들의 언어가 나날이 함축되어가고 있는 데다 외래어를 그대로 사용하지 않고 현지화를 거치는 중국어 특성상 각 한자의 의미를 잘 파악해야만 학습효율이 향상될 수 있기 때문이다. 예를 몇 가지 들어보자. '春节运输' 또는 '監督指导'라는 문장은 고급 학습자라면 비교적 쉽게 이해할 수 있다. 하지만 현재 중국인들은 이 문장을 '春运', '督导'로 표현한다. 글자수는 줄어들었지만 전후 의미는 동일하다. 모두 '춘절 교통운행'과 '감독 및 지도'라는 의미로, 저 두 글자로 의미를 표현하는데 부족함이 없다. 春(봄,춘절,)+运(운송,운행,교통)과 督(감독,모니터링)+导(지도,인도,관리)처럼 모든 글자마다 의미를 내포하고 있기 때문이다.

한국에서도 요즘 정치적 이슈 중 하나인 '패스트트랙'을 '패트'로 줄여서 보도하기도 하고 '갑분싸', '낄끼빠빠'처럼 줄임 말이 신조어로 등장하고 있다. 하지만 두 언어의 로직은 전혀 다르다. 한국어의 줄임말은 전체 문장을 들어봐야 뜻을 파악할 수 있는 반면, 중국어의 줄임말은 각 글자가 내포하는 의미를 통해서도 의미를 파악할 수 있다. 아무리 줄여도 본래의 언어적 기능에는 전혀 손상이 없는 것이다. 그렇기 때문에 한국에서는 과도한 줄임말이 한글의 우수성을 파괴하는 악습으로 치부되지만 중국어에서는 전혀 그렇지가 않다. 짧게 줄일수록 효율적인 언어로 대우받는다.

단어단위가 아닌 글자단위로 학습을 하면 좋은 점이 또 있다. 바로 더 풍부한 어휘를 구사할 수 있다는 것인데, 초중급 학습자들이야 지금 배우고 있는 단어만 봐도 '멘붕'이 올 수 있겠지만, HSK6급을 준비하거나 전문통역사가 되기 위해 통역대학원 입시를 희망하는 학생들은 더 풍부하고 깊이 있는 어휘 구사력이 반드시 필요할 것이다. 우선 '매끄럽다'를 예로 들어 설명해보자. 여러분이 인터넷 중국어사전에 '매끄럽다'는 단어를 검색해보면 '光滑,' '順滑,' '滑' 등등 여러 단어가 나오고 예문을 통해 다양한 쓰임새에 따른 유사한 용법을 알려준다. 그런데 같은 '매끄럽다'는 의미라 할지라도 상황에 따라 쓰임새는 각각 다르다. 예컨대 '光滑'나 '順滑'는 모두 '매끄럽다'의 의미지만 용법이 달라 같은 곳에 사용할 수 없는 경우가 많은데 기업의 임직원을 대상으로 강의할 때도 동의어의 용법을 구분하는 데 어려움을 느끼는 사람을 여럿 봤다. 그렇다면 의미는 같지만 용법이 다른 단어는 어떻게 잘 파악해서 적재적소에 사용할 수 있을까?

각 글자단위로 의미를 파악하고 머리로 연상시키기만 하면 된다. 예를 들어 눈, 비 등으로 길이 젖어 미끄러울 때는 湿滑(湿 '젖다'+滑) , 물체의 표면에 광택이 나서 매끄러울 때는 光滑(光 '빛나다'+滑), 평평해서 미끄러울 때는 平滑(平 '평평하다'+미끄럽다), 모발이나 실타래가 엉키지 않고 매끄러울 때는 順滑(順 '순탄하다'+滑), 피부 등이 촉촉하고 매끄러울 때는 潤滑(潤 '윤기나다'+滑) 등으로 함축적인 표현이 가능하다. 겨울날 가족이 운전하는 것을 염려해서 '길이 미끄러우니 조심해'라고 말할 때 간단히 '路面很滑, 小心'라는 기초적인 표현을 적용할 수도 있겠지만, '湿'이라는 글자 하나만 더해 '路面湿滑 , 小心'라고 말하면 듣는 상대는 '(눈이나 비로 인해)길이 젖어 미끄럽다'는 의미를 직감적으로 연상하게 된다. 이렇게 글자의 개별적인 의미를 파악하고 단어를 조합하여 외우는 습관을 들이면 더 풍부한 어휘력을 갖게 된다.

물론 표음문자를 사용하는 한국인들은 상형자의 함축성에 기인한 의미조합이 피부에 잘 와 닿지 않을 수도 있고, 의사소통에 문제 없이 의미만 통하면 되지 굳이 부차적인 의미까지 신경 쓸 필요가 있느냐는 학습자도 있을 것이다. 맞다. 예시로 나열한 단어들은 모두 '滑' 하나로 대체 가능한 것들이다. 하지만 흔히 '아 다르고 어 다르다'고 하지 않던가. 외국어도 마찬가지다.

여러분이 중국어를 공부하는 이유가 단순한 자기계발이나 취미생활이 아니라 비즈니스 최전선에서 중국인들과 접촉하며 긴밀하게 소통하기 위해서라면 그들이 사랑하는 언어인 중국어를 심도 있게 공부하는 것이 좋다. 그래야 비즈니스 차원에서 협상을 진행하거나 서류를 검토할 수 있는 언어적 능력을 함양할 수 있다. 또한 중요한 계약을 앞두고 중국인들과 술을 마시는 자리에서 신나게 "干杯!"를 외쳐 놓고선 한두 모금만 먹고 술잔을 내려놓는 실례를 피할 수도 있다. (우리가 흔히 '건배'의 의미로 배우는 '干杯'는 사실 '원샷'의 의미에 가깝다. 干은 '말리다'의 의미를 가지고 있기 때문이다. 물론 干杯를 외쳤다고 해서 계속 원샷을 하다간 며칠 입원신세를 질 수도 있으니 중국인과의 술자리에선 상황에 따라 센스를 발휘하자. 참고로 정말 술을 못 마시는 경우에는 미리 양해를 구하고, '以茶代酒(차로 술을 대신한다)'라는 말을 하며 가볍게 찻잔을 부딪치며 예의를 갖추면 좋다)

자, 이제 조금 더 난이도를 높여 사자성어 '承前启后'를 예로 들어보자. 처음 보면 '이게 무슨 뜻이야?' 할 수도 있겠지만 한자를 이해한다면 쉽게 의미를 풀어낼 수 있을 것이다. 承(받들다, 계승하다)+前(과거,앞)+

启(열다,펼치다)+后(장래,후대) 이렇게 각각의 의미를 파악해 골고루 믹스해보면 '과거의 교훈을 통해 미래를 발전시키다'로 손쉽게 풀이가 가능하다. 그럼 여기서 퀴즈. 방금 전의 성어를 응용해서 '承上启下'를 해석할 수 있겠는가? 얼마든지 가능하리라 본다. '前'과 '后'를 각각 '上'과 '下'로 치환해서 풀이하면 된다. 이처럼 복잡한 의미를 한글자로 압축했기 때문에 한자가 매우 어렵게 느껴질 수 있지만 그 대신 언어의 응용과 조합이 매우 풍부하다는 장점도 있다. 그럼 또 여기서 간단한 퀴즈. '独行快, 众行远'의 의미를 해석해보자. 해석에 성공한 여러분은 아마 이 문구가 매우 익숙하다고 느낄 것이다. 한국사람들도 즐겨 쓰는 문장이자 중국국가주석 시진핑도 연설에서 인용한 말이라고 하니 알아 두면 좋을 것 같다. (퀴즈 정답: 혼자가면 빨리 가고 함께 가면 멀리 간다.)

사자성어와 친해지자

조금 전 한자의 중요성을 이해했으니 이제 사자성어와 친해질 시간이다. 각각의 한자의 의미를 잘 파악하면 사자성어를 습득하는데 정말 많은 도움이 된다. 혹자는 사자성어는 너무 구식이고 유식한 척하는 사람이나 쓰는 것이라고 생각할 수도 있다. 물론 한국에서는 사자성어의 중요성이 예전에 비해 많이 퇴색되었다. 아무래도 정규교육과정에서 한자가 사라졌고 젊은이들이 외래어를 더욱 선호하는 탓에 사자성어는 '구닥다리'라는 인식이 강해졌기 때문이다.

그러나 중국어에서 사자성어는 남녀노소 누구나 보편적으로 사용되고 있는 언어의 한 형태이다. 중국인들은 일상생활에서도 긴 문장을 4글자로 변환시켜 말하는 것을 좋아한다. 일례로 필자가 유명 인플루언서의 메이크업 강의를 통역하기 위해 사전 준비를 하던 중, 아이브로우를 그리는 방법을 중국인들은 '上虚下实'이라고 표현하는 것을 발견했다. 한국어로는 '위는 흐리게, 아래는 짙게 그리다'라는 의미다. 하지만 이는 직역했을 때의 의미이지 용법상 항상 '흐리다' 또는 '짙다'에 국한되는 것은 아니다. 사실 '上虚下实' 또는 '上实下虚'는 중의학에서 상반신과 하반신의 조화를 의미한다. 본래 인체는 상체는 차갑고 하체는 따뜻해야 가장 건강한 것으로 간주하므로 '上实下虚'의 상태라면 상체에 열이 많아 기의 흐름이 원활하지 않다는 것을 의미한다. 다시 말하면 '实'과 '虚'라는 글자가 상황에 따라 각각 '짙다, 왕성하다, 실하다, 단단하다'와 '흐리다, 옅다, 허하다, 무르다' 등 다양한 의미를 함축하고 있는 것이다. 정말 가끔 보면 중국어는 '只可意会不可言传머리로는 이해가 되지만 말로 설명하기 어렵다'인 경우가 참 많다. 이게 바로 중국어의 함축성이라는 특징으로 나타나는 현상들이며 사자성어가 매우 발달하게 된 이유이기도 하다.

더욱이 중국인들의 교육수준이 상승함에 따라 과거보다 더 다양하고 난이도 높은 사자성어들이 일상생활에 사용되고 있다. 그래서 중국어를 공부하는 우리는 사자성어가 언제 어디서 어택을 날릴지 모르기 때문에 더욱 정신을 바짝 차려야 한다. 중국인 비즈니스 파트너가 호의를 표현한답시고 정말 우아한 사자성어를 읊었는데 그 앞에서 '무슨 소리지…?' 하는 표정으로 멍 때리고(?) 있으면 너무나도 실례가 아닌가. 우리에게는 사자성어라는 것이 너무나도 어렵지만 중국인들의 입장에서 생각해보면 간단하게 4글자로 표현할 수 있는 방법이 있는데 굳이 말을 길게 할 필요가 있을까? '守株待兔'라는 간결한 말이 있는데 이것을 굳이 '天天守着树根, 等着一只笨兔冲过来被撞死(멍청한 토끼가 스스로 달려와 나무를 들이받길 기다린다. 요행만을 바란다는 의미)'라고 늘여 말할 필요가 무언가?

때문에 중국 국민들은 평소에도 사자성어를 매우 높은 빈도로 사용하지만 특히 중국 고위급인사 또는 정치인들의 사자성어에 대한 사랑은 유독 남다르다. 그리고 직책이 높을수록 사자성어나 속담을 더욱 즐겨 사용하는 경향이 있다. 역대 중국 주석들의 연설문을 살펴보면 각자 유독 선호하는 사자성어와 격언이 있다는 점을 발견할 수 있다.

더 재미있는 사실은 국가주석이 연설 중에 새로운 고대 격언을 인용하면 라디오 등 방송프로그램에서는 중문학 교수를 초빙하여 국가주석이 인용한 그 고대 격언에 대한 해석을 진행한다는 것이다. 이런 매체 환경도 중국인들이 자국의 언어를 사랑하고 보전하고자 노력하는데 큰 밑거름이 되는 듯하다.

중국 국가주석의 예시가 나온 김에 최근 시진핑 국가주석이 연설 중에 인용한 사자성어 '老有所养, 老有所依, 老有所乐, 老有所安'을 공부해보자. 중국도 최근 고령화사회에 접어들면서 노인부양에 관한 문제가 이슈화되어 전 사회적으로 많은 관심을 보이고 있기 때문에 시진핑 국가주석도 공식석상에서 노인부양 문제에 대해 자주 언급하고 있다. 이때 주로 '让所有老年人都能老有所养, 老有所依, 老有所乐, 老有所安'이라는 말이 자주 등장하는데 조금 전에 다루었듯이 중국어로 '단어단위'로 쪼개어 해석하면 내우 간단한 문상이나. 앞부분의 老(노인, 노년)+有所(있다, 생겨나다)는 공통적으로 들어가 있기 때문에 맨 마지막 글자들을 해석해보면 각각 养(부양), 依(의지, 기대다), 乐(즐겁다), 安(편안하다)이다. 즉, '모든 노인들이 보살핌을 받고, 기댈 곳을 찾고, 즐겁고 편안하게 살 수 있도록 하자'의 의미로 해석이 가능하다. 따라서 '让所有老年人都能老有所养, 老有所依, 老有所乐, 老有所安'처럼 사자성어를 사용하면 같은 의미의 문장인 '让所有老年人都能得到赡养和找到能依靠的地方, 并让生活更加快乐平安'보다 훨씬 간결하고 함축적인 의사전달이 가능하다.

현재 중국성어사전에 수록된 성어는 총 45,000에 달한다고 한다. 물론 우리가 그 모든 성어를 다 섭렵하는 것은 불가능하지만 일상에서 사용빈도가 높은 성어를 최대한 많이 익혀 둔다면 중국인과 교류 또는 비즈니스를 하는 데 상당히 많은 도움이 될 것이다. 중국인들은 자국의 문화를 매우 사랑하고 그에 대한 자부심이 크기 때문에 외국인이 자국어의 정수가 결집된 성어를 적절하게 잘 사용하면 그들은 큰 감동을 받는다. 아래의 사자성어는 중국인들이 양국 교류에서 친밀감과 우호를 나타내기 위해 자주 사용하는 사자성어이므로 꼭 알아두자. 반드시 써먹을(?) 일이 있을 것이다.

* 지리적으로 매우 가까움을 표현할 때 - 一衣带水、山水相连
* 교류가 오랫동안 이어져오고 있음을 표현할 때 - 源远流长、源源不断
* 조화를 이루고 성과를 내고 있음을 표현할 때 - 交相辉映、相得益彰
* 발전 속도가 빠름을 표현할 때 - 突飞猛进、日新月异、焕然一新
* 모두의 앞날을 축복할 때 - 大展宏图、万事如意、鹏程万里

중국인은 영어를 못하는 게 아니다

중국에 여행이나 출장을 다녀온 지인이 간혹 "중국사람들 영어 진짜 못하더라.", "택시도 못 알아듣던데?"라고 말하는 걸 간혹 들은 적이 있다. 사실 같은 아시안끼리 서로 영어실력을 비교하는 것은 적절치 않다고 생각한다. 그들도 우리처럼 '영어천재'가 있는 반면 '영어 울렁증'이 있는 사람도 있기 때문이다. 한가지 확실한 점은 중국인들이 우리보다 영어를 못해서 '택시'라는 단어를 못 알아듣는 게 아니라는 것이다. 단지 한국인은 일상생활에서 외래어를 많이 사용하고 중국인은 주로 자국어를 사용한다는 차이점이 있을 뿐이다.

얼마 전 비즈니스차 한국을 방문한 중국 시 정부 관료가 나에게 "한국사람들은 외래어를 그냥 그대로 쓴다고 들었다."고 하길래 나는 "그렇다. 토마토도 토마토, 바나나도 바나나라고 한다."라고 대답했다. 문득 그들 입장에서 봤을 때 외래어를 자국 언어로 가공하지 않고 그대로 사용한다는 게 신기할 수도 있다는 생각이 들었다.

한국은 해외에서 유입된 문물을 지칭하는 외래어를 그대로 채택하지만 중국은 자국언어로 변환하는 과정을 거친다. 앞서 예로 든 '택시'의 경우 중국에서는 '出租车'라고 한다. 한국어로 번역하자면 '임대 차' 정도가 되겠다. 서방세계에서 들어온 문물이라 해도 예외가 없다. 미국의 세일가스는 '页岩气', 최근 몇 년간 핫한 블록체인은 '区块链,' IT용어인 브라우저 또한 '浏览器'로 모두 자국의 언어로 변환해 사용된다. 심지어 브랜드인 애플과 실리콘밸리 역시 각각 '苹果'와 '硅谷'라고 부른다. 우리가 아이폰을 '사과 휴대전화', 실리콘밸리를 '규소단지'라

부르는 셈이다. 더 재미있는 것은 중국에서 개봉되는 할리우드 영화 제목이다. 모두가 열광하는 슈퍼 히어로인 스파이더맨과 아이언맨은 중국에서 '蜘蛛侠'와 '钢铁侠'라는 이름으로, 세계 최고의 히어로 집단인 어벤져스는 '复仇者联盟'라는 이름으로 활동 중이다. 국내 대형 멀티플렉스에 '거미무사'나 '강철무사' 또는 '복수자연맹'이란 제목이 붙은 히어로물 포스터가 걸린다면 참 재미있는 광경이 될 듯하지만 중국에서는 이러한 '외래어의 현지화' 작업이 아주 자연스러운 현상이다.

중국의 해외 유학파 수도 나날이 증가하고 중국 내 영어교육열도 뜨겁기 때문에 전반적인 영어수준도 아시아 국가권에서 높은 편인 데다 전문가들도 자신이 종사하는 분야의 전문용어 정도는 잘 알고 있다. 하지만 현지 국민이 일반적으로 사용하는 외래어의 수는 한국에 비하면 아주 적은 편이다.

이런 중국어의 특성이 한중 통역사로서 매우 흥미로울 때도 있고 심한 피로감을 느낄 때도 있다. 예전에 국내 굴지의 자동차 제조기업에서 서류를 중국어로 옮긴 적이 있는데 엔지니어링에 관한 문서라 조사를 제외한 대부분은 외래어로 쓰여 있었다. 서스펜션, 댐퍼, 캠샤프트, 옥탄가, 오버스티어링 등 수많은 전문용어가 등장했기 때문에 머리를 싸매고 공부하면서 번역했던 기억이 난다. 한번은 전문용어의 스펠링을 알기 위해 한영 번역문을 제공받은 적이 있었는데 이를 보니 한국어에서 바로 영문으로 치환되어 있어 번역가가 아주 부러웠던 적이 있다. 예를 들어 '트레드'는 그대로 'Tread'라고 번역하면 되는 것이다. 하지만 나는 트레드를 번역하려면 먼저 스펠링을 찾고 다시 바이두百度에 들어가 'Tread'

를 검색해서 그 중 가장 적합한 단어인 '胎面'을 찾아내야 했기에 작업 시간이 배로 걸렸다. 게다가 영어 스펠링으로 검색해도 중국어 명칭을 알 수 없는 경우도 많아서 한 겨울에 머리에서 스팀이 모락모락 올라왔다. 하지만 한편으로는 재미있기도 했다. 그냥 외래어로 된 단어를 봤을 때는 내가 워낙 '영알못'인지라 의미를 파악하기가 어려웠는데 중국어로 번역해보니 단번에 무슨 뜻인지 이해할 수 있었다. 예를 들어 오버스티어링은 중국어로 '过度转向'이다. 말그대로 '과도한 회전'이다. 그럼 반대 개념인 언더스티어링은? '转向不足,' 즉 '회전이 부족하다'는 의미다. 얼마나 순박한 표현인가! 우리나라도 이를 본받아 과도한 외래어보다 아름다운 우리말을 많이 사용하면 좋지 않을까 싶다. 사람들이 이해하기도 수월하고 아름다운 한글의 속성을 잘 보존하고 전승하면 국격도 높아질 거라는 생각이 든다. 자, 그렇다면 중국은 왜 이토록 외래어의 사용을 자제하는 것일까?

필자의 견해는 이렇다. 우선 과거 중국은 외래문물에 대해 보수적인 공산국가였기 때문에 무분별한 외래어의 유입을 차단하여 외래문명이 중국공산당의 위상을 위협하는 상황을 막기 위함이 아니었을까? 하지만 완전 개방이 이루어진 후에도 꾸준히 외래어를 현지화하는 현 상황을 보면 아무래도 자국언어에 대한 중국 국민의 뿌리깊은 애정이 가장 큰 원인이 아닐까 싶다. 물론 한국인들이 외래어를 남용하는 배경에는 어떤 외국어든 발음을 유사하게 모방할 수 있는 한글의 우수성이 있기 때문이다. 하지만 자국의 전통과 문화를 존중하고 사랑하는 중국인들의 정신이 참 대단하다고 느껴질 때가 가끔 있다. 나는 번역할 때 외래어 사용을 자제해 달라는 요청을 종종 받는다. 특히 문화예술 관련기관에서 자주 하는 편이다. 그들은 외래어보다는 자랑스러운 한어로 표현하는 게 더 우아하고 멋진 일이라는 자부심이 있었다. 그런 그들을 보면서 한편으로는 부럽기도 하고 또 멋지다는 생각도 들었다.

얼마 전 방송에서 요즘에는 북한 여성들도 다이어트를 한다고 소개하며 한 북한 여성이 나와 이렇게 인터뷰했다. "저희는 다이어트라는 말은 잘 안 쓰고 '살 까기'라고 합네다." 그 말을 듣고 '살 까기'란 말이 참 재미있다고 생각했지만 줄곧 참 예쁜 말이라는 생각이 뇌리를 떠나지 않았다. '살 까기'라니. 확실히 '다이어트'보다 정감이 가고 아름다운 표현이다. 그렇지 않은가?

중국어는 음악이다

앞서 각 한자의 의미파악의 중요성과 사자성어에 대해 간략히 살펴보았다. 지금까지의 내용이 너무 어렵고 난해하다고 느껴진다면 이번 내용에서는 조금 호흡을 편히 내려놓아도 될 것 같다. 언어를 학습하는데 가장 기초 중의 기초, 바로 단어 및 발음 연습에 대해서 알아볼 것이다.

이제는 중국어를 접해보지 않은 사람도 중국어에는 '성조'라는 것이 있다는 사실을 안다. 성조는 다시 말해 언어의 음절마다 고유의 높낮이가 있다는 것인데 발음이 같아도 높낮이가 달라지면 의미도 완전히 바뀐다. 이해를 위해 한글로 예시를 들어보면 '(살짝 끝을 올리며) 밤?'이라고 했을 때는 '낮과 밤 중 밤'을, '(기합을 넣듯) 밤!'이라고 했을 땐 '먹는 밤'을 의미한다고 가정하면 쉽게 이해할 수 있다. 물론 한글에는 이런 기능이 없다. 그래서 우리들에게 성조가 더욱 어렵게 느껴지는 걸까?

예전에 여행차 태국에 갔을 때 현지에서 유명하다는 해산물 음식점에 갔는데 점원이 워낙 중국관광객이 많은 탓에 동양인은 다 중국인이라고 생각했는지 싱싱한 해산물들을 가리키며 우리에게 중국어로 메뉴를 설명해줬다. 그런데 그他의 부담스러울 정도로 짙은 화장과 아찔하게 높은 하이힐보다 나를 더 놀라게 한 것은 너무나도 유창하고 정확한 발음과 성조였다. 중국에 유학을 가거나 전문적으로 배우지는 않고 단지 음식점에서 일을 하기 위해 필요한 표현만 따로 공부한 듯 보였는데도 발음이 참 매끄러웠다. 문득 '나는 중국에서 유학하며 죽어라 공부했는데 저 사람은 그냥 일하면서 어깨 너머 배운 게 저 정도 수준이라고? 어떻게 이럴 수가? 말도 안돼!' 라고 생각하며 은근 부아가 치밀어 오르기도 했다. 이후 현지에 거주하는 중국친구에게 물어보니 태국어에도 성조가 있어서 태국인들이 중국어를 배우는데 매우 유리하다고 말해주었다(그 말을 듣고 마음이 평온해졌다). 사실 생각해보면 어두가 평이한 수도권 학생들 보다는 부산 또는 대구처럼 사투리 억양에 익숙한 학생들이 성조를 더 자연스럽게 습득했다. 결국 언어에 '음'을 첨가하는 것이 어색할수록 성조에 대한 거부감이 생길 수밖에 없다.

간혹 중국인이 많은 곳에 가면 너무 시끄럽다고 불만을 토로하는 사람들이 더러 있다. 어떤 이는 길거리에서 중국인들이 목청을 높여 싸우더니 몇 분 뒤에는 아무렇지도 않게 손을 잡고 식당으로 들어가는 걸 보고 의아해했다고 한다. 알고 보면 그들은 싸운 것이 아니라 단지 사이좋게 식당을 고르고 있었던 건데 다소(?) 높은 목청 때문에 싸움으로 오해를 받은 것일 게다. 이처럼 중국어가 유독 거칠게 느껴지는 이유는 바로 성조의 영향이 크다. 음절의 높낮이를 정확히 표현해야 의미를 명확히 전달할 수 있기 때문에 중국인들은 '목청'이 상대적으로 발달되어 있다. 한국어는 구강의 앞부분, 즉 앞니와 혀끝 부위를 위주로 발음을 만들어 소리를 내기 때문에 '조곤조곤'한 느낌을 주는 반면 중국어는 목구멍과 혀뿌리로 구성된 구강의 뒷부분에서 발음을 조합하기 때문에 상대적으로 두텁고 육중하게 들린다. 따라서 우리가 정말 중국인 같은 중국어를 구사하려면 바로 그들의 '목청'을 모방해야 한다. 하지만 음이 매우 평이한데다 친절함과 예절을 중시하는 한국어의 특성상 성조를 따라하는 것이 부담스럽고 힘들기 때문에 많은 학습자들이 성조 때문에 "못 해먹겠다"며 좌절감을 표한다. 물론 마음은 충분히 이해하지만 그래도 성조를 정확히 구사해야만 의사소통이 원활해질 수 있으니 꾸준한 연습으로 (평생 사용한 적이 없던) 구강 내 근육을 깨우라. 중국어를 발음하기 좋은 구조를 만들어야 하니까 말이다.

따라서 중국어를 공부할 때는 속으로 외우는 것보다는 반드시 입으로 소리를 내어 최대한 많이 낭독하면서 자신의 성조를 확인하는 학습 요령이 필요하다. 모든 외국어학습이 그렇겠지만 중국어는 특히 성조라는 특성 때문에 머리보다는 입으로 익히는 과정이 다른 어떤 언어보다 중요하다. 예를 들어 '手指'라는 단어를 공부한다면 우리는 해당 단어가 가지는 한자의 형태와 발음(병음) 및 의미를 외우는 것 외에 추가적으로 성조도 외워야 한다. 머릿속으로 '手指은 3성+3성이다'라고 이론적으로 암기할 수도 있으나, 이렇게 머릿속으로만 이해하고 입으로 숙련하지 않는다면 정작 실생활에서 이 말을 뱉어야 할 순간에는 성조가 엉뚱하게 튀어나오거나, '3성+3성이니까 2성+3성으로 발음해야 하나?'라는 고민으로 머릿속이 복잡해질 것이다. 결국 성조를 머리로 암기하는 학습법이 고착화되면 성조는 물론이거니와 발음과 언어의 발화속도 및 전달력 모두가 영향을 받아 유창한 중국어 실력을 쌓기가 어려워진다. 그러므로 중국어를 말하는 순간 우리의 뇌가 해당 단어의 성조를 별도로 떠올릴 필요 없이 즉각적으로 튀어나올 수 있도록 입에 성조를 각인시키는 과정이 필요하다.

사실 이 요령은 그다지 어려울 것도 없다. 필자가 시도했던 방법 중 가장 효과가 좋았던 것은 바로 '10번씩 말하기'이다. 더도 말고 덜도 말고 딱 10번이다. 내가 예전에 유독 아무리 외우려고 해도 도무지 외워지지 않는 단어가 있었다. 바로 '제세동기(除纤颤器)'였다. 일상생활에서 자주 사용할 일이 없는 단어라 그런지 외워도 금방 잊어버리곤 했는데, 통역 시에는 언제 어떤 단어가 들이닥칠지 모르기 때문에 이렇게 머릿속에서 금방 휘발되는 단어가 있으면 강박적으로 더 외우려고 집착하게 된다. 그때 '딱 10번만 크게 입으로 외워보자'라는 생각에 처음 이 '10번씩 말하기' 방법을 시도했다. 결과는? 지금도 '제세동기'만 나오면 반사적으로 '除纤颤器'가 입에서 튀어나온다. 외운 지 벌써 2년이나 지났고 실제 통역할 때 써먹지도 못했지만 뇌리에 아주 쏙 박혔는지 도무지 잊혀지지가 않는다. '10번? 간단하네!'라고 생각할지도 모르지만 실제로 해보면 이 '10번씩 말하기'가 상당한 인내심과 에너지를 요한다는 것을 느끼게 될 것이다. 하지만 암기효과는 좋다.

여기서 다시 한 번 강조하지만 조금 전 소개한 이 방법은 머리속으로만 외우거나 작게 중얼거리면 별 효과가 없다. 실제로 내가 중국인에게 말을 하고 있다고 생각하면서 또박또박 소리를 내는 것이 중요하다. 예전에 다수의 학습자를 대상으로 중국어를 지도해본 결과 그들은 하나의 공통점이 있었는데 바로 성조를 배울 때 성조에 따라 고개가 따라 움직인다는 것이다. 1성인 'mā'를 발음할 땐 고개가 약간 올라가고, 3성인 'mǎ'를 소리 낼 땐 고개를 크게 숙였다가 다시 드는 식이다. 물론 입문 단계에서는 이런 방법으로 성조를 익히는 것도 도움이 되지만 그것보다는 고개 대신 노래를 부르듯이 '목구멍,' 즉 성대를 움직이는 것이 가장 좋다.

어린아이과 가수를 예로 들어보자. 어린아이들은 아직 성대라는 기관을 잘 컨트롤하지 못하기 때문에 노래를 부를 때 입을 벌리고 단순히 음의 높낮이를 흉내내는 경우가 많다. 이를테면 '공기 0, 소리 100%'의 느낌이랄까? 하지만 가수들은 어떤가? 성대를 이용해 단순한 음의 높낮이뿐 아니라 깊이까지도 표현해 낸다. 바로 노래를 부를 때 사용하는 성대근육을 중국어를 연습할 때도 사용해야 하는 것이다. 필자가 이 글을 쓰면서 한국어와 중국어로 된 문장을 낭독하고 손으로 성대부분의 움직임을 느껴보았더니 한국어를 말할 때는 손에 성대의 떨림이 크게 느껴지지 않았지만 중국어를 말할 때는 성대의 움직임이 훨씬 격렬해지는 것을 알 수 있었다. 한국인들은 노래할 때 빼고는 이 근육을 사용할 일이 많지 않기 때문에 반드시 발음을 연습할 때 자신의 육성을 확인하며 교정해야 그간 굳어져 있던 근육을 단련, 중국어에 최적화된 구조로 바꾸고 올바른 발음과 성조를 구강구조에 입력시킬 수 있다. 그래야만 단어가 아닌 문장을 말할 때 발음과 성조가 저절로 자연스럽게 연결되어 한층 더 세련되고 유창한 중국어 구사가 가능해지는 것이다.

간혹 "성조 안 정확해도 중국인들이 다 알아듣던 데요?"라는 사람도 더러 있다. 주로 어학연수나 별도의 학습과정을 거치지 않고 중국 현지에서 오래 거주하며 일상대화로 중국어를 익힌 사람들이 이렇게 생각하는 경우가 많다. 물론 한국어에도 '밤'과 '배,' '다리' 등 수많은 다의어가 있지만 청자는 보통 대화가 오가는 상황에 따라 의미를 판단하기 때문에 의사소통에는 아무런 문제가 없다. 마찬가지로 비록 성조가 조금 틀렸더라도 대화가 이루어지는 당시의 상황, 전체 맥락에 따라 얼마든지 유추가 가능하기 때문에 단순한 '의미전달'이라는 언어의 일부 기능으로만 봤을 때는 성조의 중요성이 다소 퇴색될 수도 있다. 물론 '马匹(mǎpī 말)'를 '马屁(mǎpì 알랑방구)' 또는 '马皮(mǎpí 말가죽)'으로 잘못 발음하거나, '杯子(bēizi 컵)'을 '被子(bèizi 이불)'로 말했다고 해서 크게 문제 삼는 이는 없을 것이다(속으로 아주 약간 당황할 뿐).

하지만 언어는 단순한 '의미전달' 뿐 아니라 화자의 인품과 학벌, 지식 및 지위 등을 나타내는 척도이기도 하다. 특히 땅덩어리가 워낙 넓어 지역마다 고유의 사투리와 억양을 갖고 있는 중국에서는 깔끔하고 세련된 보통화를 구사하는 사람에게 매우 후한 점수를 준다. 하물며 깔끔하고 세련된 보통화를 구사하는 사람이 현지인이 아니라 외국인이라면? 짧은 몇 마디 속에 '나는 교양 있는 지식인이며 이렇게 올바른 중국어를 훈련할 정도로 중국을 사랑하는 한국인입니다.'라는 인상을 단번에 심어줄 수 있지 않을까? 그렇다면 깔끔하고 세련된 보통화의 기준이 되는 성조를 잘 훈련해야 할 이유는 충분히 설명되었다고 본다.

여기서 아주 중요한 질문을 하나 던지고 싶다. 여러분은 무슨 목적으로 중국어를 배우는가? 아마 개인마다 매우 다양한 스토리가 있을 것이다. 진학이나 취업을 위해서, 중국 고객을 잘 응대하기 위해서, 사업상 필요에 의해서 또는 중국인 연인과 깊은 소통을 하기 위해서, 통역사가 되기 위해서 등등. 비록 목적과 동기는 서로 다르지만 중국어를 잘하기 위한 비결은 단 하나, 바로 꾸준한 관심을 가지고 반복을 게을리하지 않는 것이다.

필자도 예전에는 또래 친구들과 마찬가지로 '하루 단어 100개 암기', '매일 문장 10개씩 외우기' 등 '무조건 많이 외우고 그 중에서 몇 개라도 건지기' 전략을 사용한 적이 있다. 하지만 이런 방법은 시험을 대비한 벼락치기에는 도움이 될지 몰라도 정말 중국어를 '내 것'으로 만들 수는 없다. 내가 원하는 표현을 자유자재로 구사하고 싶다면 '반복'을 위해 노력하는 것이 더 효과적이다. 이는 모든 외국어 학습에 적용되는 원칙이다.

지금도 나는 매일 중국어를 공부한다. 아무리 외워도 새로운 단어는 계속 만들어지고 내가 몰랐던 단어도 자꾸 발견된다. 나는 매일 반복해서 암기하고 통역할 때 이를 잘 응용해야 하는데, 최근 이 과정에서 일종의 '암기 사이클'을 발견했다 (나로서는 놀라운 발견이었다!). '周期'라는 단어를 암기했다고 가정해 보자. 이 단어를 처음 암기할 때 우리는 뜻이 '주기,' '사이클'이라는 것을 확실히 안다. 하지만 우리의 두뇌는 그 정보를 바로 주기억장치에 저장하지 못하고 뇌의 방구석 한쪽에 켜켜이 쌓아둔다. 마치 한 번 본 단어는 중요하지 않다고 인식하는 듯하다. 그러다가 시간이 지나 언젠가 우연히 '周期'를 뉴스나 신문에서 보면 두뇌는 '어? 이거 왠지 낯설지 않아! 전에 외웠던 단어야! 무슨 뜻이었지?'라며 잡동사니로 가득한 방구석을 샅샅이 뒤진다. 하지만 너무 오랜 시간이 지난 데다 엄청나게 너저분한 잡동사니 때문에 결국 '周期'의 정보를 찾아내지 못한다. 어쩔 수 없이 다시 중국어사전을 검색해 '周期'는 '주기, 사이클'이라는 의미라는 걸 다시 한 번 인식한다. 그러고는 '그래, 맞아! 바로 이 뜻이었어. 이제 다신 잊지 말아야지'라고 다짐한다. 이쯤 되면 '周期'는 다락방에서 보조기억장치로 이동해 신분이 상승한다. 이제 뉴스나 신문에서 '周期'가 다시 나오면 금방 뜻을 파악한다.

하지만 내가 직접 그 단어를 사용해 말을 할 때는 또 뇌가 어리버리하게 오작동을 한다. '어? 그거 있잖아. 그 단어. 끊이지 않는다는 의미. 뫼비우스 띠랑 비슷한 그거.'라며 비슷한 단어만 머릿속을 맴돌 뿐 입에선 '어버버'만 나올 뿐이다. 이런 경우 누군가가 "周期?"라며 해답을 제시해 주거나, 나중에 혼자 또 (씩씩거리며) 사전을 찾아보고 다시 한 번 인식하는 과정을 거칠 것이다. 이 단계에서 '周期'는 진정으로 주기억장치로 다시금 신분이 상승해 내가 원할 때마다 단어를 꺼내 쓸 수 있게 된다. 이처럼 단어는 우리 두뇌에서 방구석-보조기억장치-주기억장치라는 단계를 거쳐야 '진정한 내 것'이 되는데 가장 중요한 것은 바로 각 단계마다 '반복'이라는 행위를 거쳐야 신분상승이 가능하다는 것이다.

처음 방구석을 뒤지다가 사전을 찾아보지 않고 그대로 포기해 버렸다면 '周期'는 방구석에서 다른 잡동사니들에 밀려 소각되었을 것이다. 보조기억장치도 마찬가지다. 내가 분명 알고 있다고 생각한 단어가 생각나지 않을 때 한 번 더 검색해보지 않고 포기해 버리면 그 단어는 다시 방구석을 거쳐 소각될 운명에 처할 것이다. 중국어를 비롯하여 외국어를 잘하는 사람들의 특징은 이런 반복적인 메커니즘을 거쳐 주기억장치에 매우 풍부한 단어풀을 형성했다는 것이다. 물론 아무리 주기억장치에서 안방마님 노릇을 하고 있는 단어라 할지라도 아주 오랜 시간 다시 반복해주지 않으면 방구석으로 퇴출 당하기 십상이다. 정말이지 '活到老, 学到老(살아있는 동안 끊임없이 공부하라)'인가 보다.

 최근 들어 많은 사람이 내 블로그나 SNS에 중국어를 잘할 수 있는 비결을 묻곤 한다. 그만큼 중국어에 대한 열기가 뜨겁다는 것을 실감할 수 있었다. 하지만 개개인의 상황과 환경, 학습 목적 등을 모르기에 선뜻 조언을 건네기가 쉽지는 않다. 이 글도 독자 개개인의 상황에 맞춘 '맞춤형 학습 컨설팅'이 아니기 때문에 최대한 다른 중국어 학습서에서는 다루지 않는 내용을 필자의 경험과 노하우를 접목하여 구체적으로 소개하고자 노력했다. 도입부에서 말한 것처럼 아기새가 둥근 알을 깨고 새로운 세상을 맞이하듯 독자 여러분이 기존에 굳어 있던 모국어 프레임을 깨고 중국어의 프레임을 새로이 장착할 수 있는 글이 되길 바란다.

통역 에피소드

　항상 다양한 사람을 만나고 매일 다른 분야를 접하는 동시통역사라는 직업, 참 매력적이다. 그래서인지 필자도 학창시절부터 동시통역사 선배들이 쓴 책을 읽으며 열심히 꿈을 키워 나갔고, 결국 인고의 노력 끝에 그토록 선망하던 동시통역사가 되었다. 때문에 매번 일을 할 때마다 무한한 행복과 자부심을 느낀다. 돌이켜 보면 통역대학원 진학을 준비할 때 선망했던 '통대생'의 라이프와 통대생 시절에 꿈꾸었던 동시통역사의 삶을 모두 누리게 되었으니 나는 참 운이 좋은 사람이다.

　지금도 통역이 있는 아침이면 새벽 일찍 일어나 커피를 마시며 그 전날 밤 늦게까지 봤던 자료를 다시 검토하고 노트북과 수북한 자료를 챙겨 일터로 향한다. 또 일터에서의 나는 전문가로서 많은 분들의 기대와 존중을 받기도 하고 가끔은 예리한 평가를 받기도 한다. 아! 이 얼마나 꿈꿔왔던 전문 통역사의 삶인가! 하지만 … 보이는 게 전부는 아니었다. 모든 직업에는 희로애락이 있기 마련이니 현장 또한 예상치 못한 좌충우돌 에피소드로 가득하다. 매 통역마다 학자와 전문가 앞에서 전문지식을 통역해야 하는 압박감, 중국인보다 더 논리 정연하게 중국어로 통역해야 하는 부담감 등은 말할 것도 없다. 알고 보면 전문가가 되는 과정은 '어떤 상황에서도 당황한 기색을 보이지 않고 침착을 유지하는 철면피가 되는 과정'이 아닐까?

　지금까지 온갖 사자성어와 한자를 예시로 중국어 학습방법에 대해 설명했으니, 잠시 머리를 식히고자 지금부터는 여담으로 그 누구에게도 누설하지 않았던 동시통역사의 너무나도 웃픈⁽?⁾ 에피소드 몇 가지를 소개하려고 한다. 주로 '철면피'가 장착되지 않은 초년생 통역사 시절에 겪은 일들로 독자 여러분께 웃음을 드리고자 특별히 흑역사를 공개한다.

샨시陝西에서 오신 그 분

행사시간보다 약 1시간 가량 일찍 도착해 여느 때와 같이 자료를 보고 있었다. 마침 통역부스의 문이 끼익 열리더니 새하얀 피부를 가진 여성이 예쁜 미소로 인사를 해왔다. "안녕하세요! 오늘 일본어 부스에 들어갈 OOO예요. 잘 부탁드립니다!" 그녀가 건넨 명함을 보니 나와 대학원 동문이었다. 너무 반가워 잠시 담소를 나누는데 내 파트너 통역사가 부스에 들어왔다. "이쪽은 오늘 제 파트너 선생님인데 이분도 우리 동문이고 한족이에요." 우리 셋은 서로 잘 부탁한다며 다시 인사를 나눈 후 각자의 통역부스로 돌아갔다.

잠시 후 행사가 시작되고 네 명의 통역사는 각각 한중일 릴레이 통역을 진행했다. 주최측의 설명에 따르면 오늘은 총 3명의 중국연사가 발표할 예정이고 모두 샨시陝西에서 오신 분들이라고 했다. 그 말을 듣고 속으로 약간 흠칫했다. '샨시는 사투리가 엄청 심한 곳인데 …'. 원칙대로라면 통역 시작 전에 연사를 먼저 만나 그의 억양이나 특이사항을 체크하는 것이 좋지만 당시에는 주최측 담당자와 연락이 되지 않아 연사를 만나볼 수 없었다. 걱정스러운 마음을 안고 첫 번째 중국연사의 통역을 시작했는데 다행히 생각만큼 샨시 억양이 세지 않아 알아듣는 데는 전혀 문제가 없었다. '역시, 중국의 보통화 보급운동은 훌륭해! 요즘엔 아무리 지방에서 오신 분이라도 보통화를 다 잘 하시니 얼마나 다행이야.' 마음속으로 중국 지도자들의 리더십과 탁월함을 찬양했다.

두 번째 중국연사까지 통역을 마치고 나서 세 번째 중국연사의 발표가 시작됐고 나는 마이크를 켜고 이어폰을 낀 채 귀를 활짝 열었다.

"大家好!"
"여러분 안녕하십니까!"

헉, 순간 머릿속이 하얘졌다. 연사의 말 중 大家好를 빼곤 하나도 알아들을 수가 없었다! 이건 중국어인가? 외계어인가? 이게 바로 말로만 듣던 샨시 사투리인가? 사고다. 연사가 계속 발표를 하는데 동시통역이 계속 나가지 않으면 대형사고다. 심지어 옆 부스에서는 일본어 선생님들이 릴레이를 받으려 대기하고 있는데…! 고개를 획 돌려 옆에 있는 파트너 언니에게 간절한 눈빛으로 SOS를 보냈다. '어떻게 좀 해봐! 언니는 한족이잖아!' 그 신호를 정확하게 이해했는지 언니는 내 눈빛보다 더 간절하고 세차게 도리도리를 흔들었다. 너무 외로웠다. 이때 날 구할 사람은 나 자신뿐인가! 차라리 순차통역이었다면 현장에서 바로 연사에게 보통화를 사용해 줄 것을 요청할 수 있지만 연사와 먼 거리를 두고 부스 안에서 일방적으로 리시버를 통해 전달되는 동시통역은 연사와의 실시간 커뮤니케이션이 불가능하다. 어쩔 수 없다. 동시통역이 안 나왔다고 고객사로부터 클레임을 당하느니 차라리 할 수 있는 데까지 해보자고 결심했다. 연사가 "大家好!"를 외친 후 약 2-3초간 이렇게 파노라마와 같은 내적 갈등을 겪은 후 나는 드디어 입을 열었다. "여러분을 만나뵙게 되어 매우 영광스럽고 또 이 기회에 한국을 방문하게 되어 너무 기쁩니다. 오늘 제가 말씀드릴 주제는 …"

연사가 정말 이런 말을 했는지는 아무도 모른다. 통역사인 나도 모른다. 설상가상으로 그는 발표자료도 전달해주지 않았기 때문에 나는 소설(?)을 계속 써 내려가기 위해 그럴듯한 '소재'가 필요했다. 아주 초집중을 하고 들으니 어렴풋이 '玉米옥수수,' '能源에너지,' '粮食식량'이라는 단어를 포착할 수 있었다. '오호라, 자원과 식량에너지에 관한 내용이로군. 그렇다면 분명 기후변화와도 관련이 있겠군!' 통역을 많이 하다 보니 잡다한 지식도 함께 쌓인다. 나는 자원과 식량에너지, 기후변화와 관련이 있는 지식을 총동원하여 통역을 순조롭게(?) 마쳤다(사실은 소설이었지만). 얼마나 긴장을 했던지 통역을 마친 후 온몸의 힘이 탁 풀렸다.

지금도 그때를 생각하면 아찔하다. 샨시陝西에서 온 그 분을 나는 평생 잊을 수 없을 것이다. 내가 지금 그때로 다시 돌아가면 어떻게 했을까? 아마 마이크에 대고 "심한 방언으로 인해 알아들을 수 없습니다. 연사분께 보통화로 발표해주실 것을 요청해주십시오"라고 말할 것 같지만 그때는 처음이라 너무 당황스러운 나머지 눈앞에 놓인 난제를 풀기에 급급했다. 역시 인생은 吃一塹長一智한번 실패하면 그만큼 현명해진다인가 보다. 하지만 다행히 그 이후로는 사투리 때문에 벌어진 아찔한 에피소드는 없었다. 요즘엔 지방에서 온 연사도 직접 통역부스를 방문해 자신의 발음이 부정확하다며 양해를 구하곤 한다. 이렇게 배려심이 깊은 사람을 만나면 무척이나 사랑스러워 와락 껴안아주고 싶을 정도다. 중국어 통역사들에겐 전全 중국의 언어통일이 천하통일만큼 간절한 꿈이다.

그 생강은 대체 어떤 생강이오?

대학원 졸업 후 2년차 프리랜서 전문통역사로 일하고 있을 때의 일화가 떠오른다. 중국의 저명한 박사가 서울의 한 대학교에서 강연을 진행했고 나는 강연의 동시통역과 만찬 순차통역을 맡았다. 먼저 오후에 진행된 동시통역 행사는 무사히 마쳤다. 그날은 컨디션이 유독 좋았는지 스스로도 '잘 끝났다'는 생각이 들었고 동시통역을 들은 청중 몇 명도 통역부스에 와서 엄지척!을 날려 주었다. 그렇게 가볍고 뿌듯한 마음으로 참석한 저녁 만찬도 우호적인 분위기 속에서 거의 마무리가 되어갈 즈음.

한국 주최측 회장이 덕담 몇 마디를 건네자 중국인 박사가 웃으며 이렇게 말했다. "中国有句俗话说, 姜还是老的辣!" 순간 내 머릿속에서 약 0.001초간 정적이 흘렀다. 아뿔싸! 순간 나는 그 속담을 이해하지 못했다. '늙은 생강이 맵다'는 표면적인 의미만 이해했을 뿐 속뜻은 파악하지 못한 것이다. 무척 당황스러웠다. 하지만 나는 통역사가 아닌가. 무슨 말이든 해야 한다. 심지어 연사의 발화가 끝나고 1초안에 통역을 해야 청중들이 지루하게 느끼지 않는다. 그 1초 사이에 내 머릿속엔 오만 가지 생각이 오갔다. '매운 생강은 정곡을 찌르는 말을 비유하는 건가?', '설마 회장님보고 늙었다고 말하는 건 아니겠지?' 등등. 사실 곰곰이 생각해보면 대충 유추할 수 있는 문장이긴 하나 그때 나에겐 그럴 만한 시간의 여유가 없었다. 당장 무슨 말이든 뱉어야 한다! 그 생각에 심한 압박감을 느꼈는지 입에서 나도 모르게 "늙은 …"이라는 단어가 새어 나올 뻔했다. 입을 꼭 틀어 막았다. 요리조리 눈치를 살펴보니 분위기는 화기애애했고, 아까 대화에서 회장님과 박사님이 오랜 친구라고 들었던 것 같기도 하다. 옳거니, 분위기를 최대한 살리는 말로 얼렁뚱

땅 넘어가보자. "친구도 역시 오랜 친구가 최고입니다." 잠시 정적. 약 2초 후 여기저기서 유쾌한 웃음이 터져 나왔다. 내가 당황한 기색도 전혀 들키지 않은 것 같다.

'휴…다행이다.' 그렇게 위기를 잘 넘겼다 싶을 무렵, 중국인 옆에 앉아 있던 조선족 박이사가 입을 열었다. "통역사님, 그건 그런 뜻이 아닙니다." 다시 순간 정적. 조금 전까지 하하, 즐거워하시던 좌중은 웃음을 멈추고 순간 '응? 이게 뭔 소리?' 하는 표정으로 일제히 나를 바라봤다. 박이사가 계속 말했다. "姜还是老的辣는 '역시 연륜이 많은 맹장은 이길 수 없다'는 의미예요." 머리에 돌을 맞은 것처럼 띵했다. 현장의 모든 이들이 '너, 엉터리였구나!' 하는 눈초리로 나를 쏘아보는 듯했다. 쥐구멍에 숨고 싶은 심정이었다. 박이사가 원망스럽기도 했다. '그냥 좀 넘어가주지 … 내가 속담을 다 알 수는 없잖아!'라며 푸념했다. 하지만 그것도 잠시, 얼어붙은 분위기를 당장 살려내야만 했다. 약 1초간 많은 생각이 뇌리를 스쳤다. '이 상황을 어쩌지? 몰랐다고, 죄송하다고 할까? 아니면 내가 맞다고 끝까지 우겨볼까? 아니면 그냥 수줍게 웃어볼까?' 등. 하지만 모두 정답이 아니었다. 그렇게 말해봤자 나만 더 바보스러워질 뿐이었다. 짧은 1초간 고민한 나는 입가에 생글생글 미소를 띠우며 말했다. "어머! 박이사님, 어쩜 그런 속담을 다 알고 계세요? 저도 어렴풋하게만 알고 있었는데 구체적으로 그런 뜻인지는 몰랐어요. 정말 대단하시네요! 호호호." 쥐 죽은 듯했던 분위기가 다시 생기를 되찾았다. "박이사, 자네 똑똑한 구석이 있었군 그래. 허허." 회장도 칭찬을 건네자 박이사는 수줍어하며 한껏 들뜬 표정을 지었다.

매우 짧은, 솔직히 어떻게 보면 별일도 아닌 에피소드지만 그 이후로 모르는 속담이나 성어를 보면 그냥 지나치지 못하고 외우려는 습관이 생겼다. 물론 내 평생 절대 잊히지 않을 '姜还是老的辣'는 그날 이후 한 번도 써먹을 일이 없어 슬프긴 하지만 통역사는 누가, 언제, 어떤 말을 뱉을지 모르는 상황에서 항상 준비가 되어 있어야 한다. 지금도 나의 데이터베이스에는 통역 때 써먹으려고 비축해 둔 전문용어와 속담, 사자성어들이 꽉 들어차 있다. 이제 연사가 언급하면 이 단어들은 언제든 속사포처럼 튀어나갈 준비가 되어있다. 하지만 대개는 내가 죽어라 외운 단어들은 쏙 빼고 모르는 단어만 골라 언급하는 듯싶기도 하다. 이게 그 유명한 '머피의 법칙'인 걸까?

초서체草书体가 얄미워

중국의 한 유명 서예가가 한국에서 강연을 진행했을 때 통역으로 참여한 적이 있다. 1부는 강연, 2부는 시연으로 구성된 행사에서 통역을 잘 수행하기 위해 사전에 서예에 관한 자료를 많이 찾아보며 열심히 준비를 해갔다. 다른 분야도 마찬가지지만 특히 예술분야는 용어가 매우 특화되어 있고 표현이 추상적인 데다 고대 시구를 인용하는 경우가 많기 때문에 꼼꼼하게 준비해가야 행사 도중 연사의 말을 못 알아들어 당황하는 불상사를 피할 수 있다.

행사장에 도착하자 유명 서예가가 먼저 인사를 해왔다. 매우 자상하면서도 강인함이 느껴지는 사람이었다. 우리는 함께 강연 주제에 대해 사전 논의를 했다. 그는 강연 중 서예에 대한 공자의 견해와 관련 일화를 소개할 것이라고 귀띔해 주었다. 자신의 강연내용이 한국인들에게 잘 전달되었으면 하는 마음을 느낄 수 있었기에 나도 최선을 다해 임했고 1부 강연을 성황리에 성공적으로 마칠 수 있었다.

강연이 끝나고 2부 시연행사가 시작되자 취재차 온 한중 양국의 언론사 기자들이 연일 플래시를 터트리고 영상을 찍기 시작했다. '와, 확실히 진짜 유명한 분이구나' 라는 생각이 들었다. 서예가는 초서체를 즐겨 쓰는 것으로 유명하다. 초서체는 반듯한 예서체나 개서체, 전서체와는 달리 글자의 형태를 거의 알아보기 힘들 정도로 흘겨 쓴 느낌이 강한 서체다. 때문에 당시 시연은 한 사람이 위에서 긴 화선지를 잡아당기면 서예가가 잡아당기는 속도에 맞춰 빠르게 글씨를 써 내려가는 방식이었다. 총 3점의 작품이 완성될 때마다 큰 환호와 박수가 터져 나왔다.

박수소리에 보답하기 위한 듯, 서예가는 갑자기 자신이 쓴 시구를 낭송하기 시작했다. 낭송이 끝나자 사람들은 다시 한 번 뜨거운 환성을 보냈고 나도 그 옆에서 열심히 박수를 쳤다. 그 순간, 서예가는 온화한 눈빛으로 나를 바라보며 말했다. "내가 방금 읊은 시를 통역해줘요." 내 귀를 의심했다. 현대어도 아니고 문언문文言文으로 지은 시를 통역해 달라고? 당황한 기색을 억누르며 어쩔 수 없이 그가 쓴 글자를 보고 통역하자는 마음으로 화선지를 바라보자 이번엔 가슴이 턱 막혔다. 너무 흘겨 쓴 바람에 알아볼 수 있는 글자가 한 개도 없었다. 이미 말했듯이 중국어는 상형문자라 시구는 글을 봐야만 의미를 파악할 수 있다.

滾滾長江東逝
水是非成敗轉
頭空青山依舊
在幾度夕陽紅
白髮漁樵江渚
上慣看秋月春
風一壺濁酒喜
相逢古今多少
事都付笑談中

楊慎詞臨江仙 …

네모 반듯한 예서체

南登碣石舘遙
望黃金臺邱陵
盡喬木昭王安
在哉霸圖悵已
矣驅馬復歸來
薊丘覽古

陳子昂詩

개서체

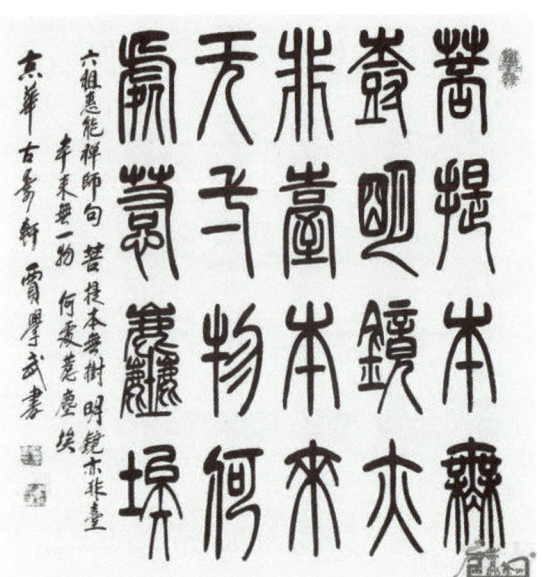

전서체

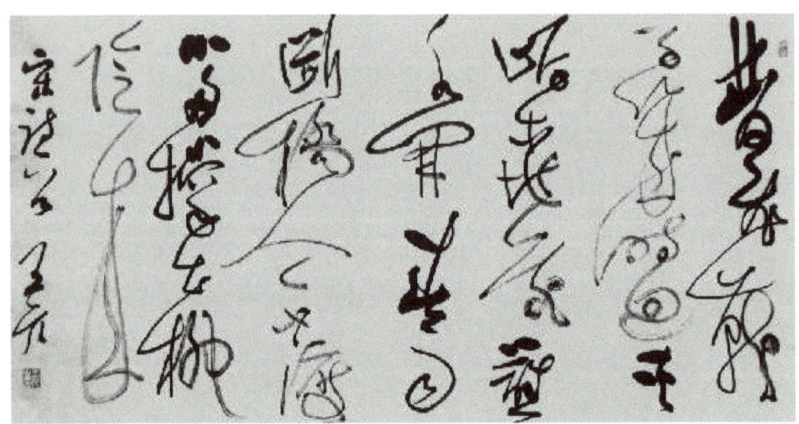

상당히 불친절한 초서체

하지만 눈앞에는 수많은 스포트라이트가 통역을 기다리고 있었고 관객은 이미 열정적인 눈빛으로 물개박수를 칠 준비를 하고 있었다. 하지만 '무'에서 '유'를 창조해 낼 수는 없는 노릇이었다. 나는 생긋 웃으며 다시 한 번 낭송해 주십사 요청했다. 다행히도 서예가는 아주 흔쾌히 재차 낭송해주었고 나는 그것을 들으며 재빨리 화선지 위에서 내가 인지할 수 있는 글자를 찾았다. 그리고 번개같이 머릿속에서 조합한 내용에 시적인 요소를 담아 통역했다.

"오! 정말 멋진 시입니다!" 감탄이 나오는 걸 보니 내가 온갖 눈치코치 다 동원해서 통역한 시가 썩 괜찮았던 모양이다. 행사가 끝나고 나와 친분이 깊은 중국인 담당자가 조용히 다가와서 물었다. "와, 고시古诗를 대체 어떻게 바로 통역하는 거예요? 미리 다 공부해 갖고 온 거예요?" 나는 질문에 조용히 미소만 지었다.

요즘 인공지능 기술이 최고의 이슈다. 포털사이트에는 인공지능으로 '20년 안에 사라질 직업 10개' 같은 제목의 글이 끊임없이 올라오고 그 중에 통번역사는 항상 단골메뉴로 등장한다. 클라이언트로부터 "통역사님, 앞으로 인공지능으로 대체되면 뭐 먹고 살아요?"라는 말도 심심치 않게 듣는다. 하지만 나는 전혀 걱정하지 않는다. 가까운 미래에 인공지능이 사람 대신 운전도 해주고 약도 처방해주고 심지어 배를 갈라 수술도 해줄 수 있겠지만 사람의 머릿속에는 절대 들어갔다 나올 수는 없을 테니까. 통역은 단어나 문장을 단순히 외국어로 바꾸는 작업이 아니라 화자의 머릿속을 '출입'하며 그와 혼연일체가 되는 작업이기 때문이다.

이주연

영국 카디프대학교(석사)
서울외대 통번역대학원
현 해양수산부 통역사

> 두려움과 열등감을 이겨내려는 노력을 통해
> 내 언어 실력이 향상된다는 점은 사실인 것 같다

직업으로서의 통역사

미처 예상하지 못한 주제로 이야기가 뻗어 나간다. 민감한 사항으로 설전을 벌이느라 양측 대표자들 모두 얼굴이 상기 되었다. 흥분해서 말도 빨라진다. 노트에 받아 적는 내 손도 덩달아 빨라져야 한다. 글씨인지 기호인지 그림인지 모를 괴상한 문자가 노트에서 춤을 춘다. 드디어 상대는 긴 말을 멈추었다. 찰나의 침묵과 긴장은 모두 내 입을 향한다. 이제 내 차례다. 긴장을 풀자고 되뇌며 성대에 힘을 주고, 필기한 노트를 해독하려는 순간이 왔다. 마치 첼로 선율이 독주회 콘서트홀의 드높은 천장을 채우기 직전, 관객 모두가 첼리스트의 손 끝에 집중하는 것 같다. 직업으로서의 통역사가 빛을 발하는 순간이다.

지금껏 통역사로 수없이 겪었던 긴장감이 이 글로 전달이 될 수 있을지 모르겠다. 어떤 이들은 이런 긴장 조차도 매력이라 말하는 경지에 이르렀지만, 필자는 도대체 이 경지까지 통역사로 살면서 도달할 수나 있을 지 모르겠다. 통역사가 되기 전 꽤나 다양한 인생경험을 했고, 각계 각층의 사람들도 많이 만나 보며 살아서 단단한 심장을 가지고 있다고 생각했건만, 통역 현장에서는 여지 없다. 통역이고 뭐고 그냥 집에 가고 싶은 생각도 한두 번 한 것이 아니었으니.

필자는 인하우스 통역사로 2019년 기준 5년 차를 보내고 있다. 수많은 종류의 통역과 번역업무를 해왔고 앞으로도 할 것이다. 현재 다니는 직장은 국내출장은 물론이고 국외출장도 매우 많다. 불과 이틀 전에 국외출장이 결정되어 떠나야 하는 경우도 있었다. 통역 종류도 너무도 다양해서 통역대학원에서 배우고 익힌 기본적인 통역형태뿐 아니라 도대체 감을 가질 수도 예측할 수도 없는 형태의 통역도 허다하게 하고 있다. 좋게 생각한다. 이런 다양한 환경에 나를 투입하여 어디서든 쓰러지거나 눈 깜빡하지 않을 튼튼한 토대를 만들어 주는(굳건해지려면 아직 한참 부족해 보이긴 해도) 회사에 감사한다.

잦은 비행과 시차적응에 몸은 고되지만, 내 돈 내고 가보기 힘든 국가들과 전 세계적으로 유명한 기관에서 회의를 하고 사람들을 만나는 경험을 하고 있으니 뿌듯하고 기분 좋다. 그리고, 통역을 무사히 마치고 찾은 현지 식당에서 후련하게 메뉴를 고르고 분위기를 즐기는, 운이 좋아 몇 시간 짬이 나면 근처 명소를 둘러보는, 돌아오는 비행편 탑승에 앞서 소중한 이들을 떠올리며 기념품을 사는 순간은 이 힘든 일에 대한 소소하지만 근사한 보상이 된다. 내가 택한 삶. 직업으로서의 통역사다.

프리랜서 통번역사가 아닌 인하우스 통번역사는 특수하고도 때로는 경계선이 모호한 상황에 놓인 경우가 많다. 통역과 번역이 분명 전문 업무이기는 하지만, 회사 혹은 기관 소속이기 때문에 일반직원과 비슷한 행동 및 마음가짐이 요구되는 경우가 있기 때문이다. 특히 소속된 집단의 업무 문화에 순응해야 하는 환경에서 자신의 생각이나 고유업무가 침해 받는 경우가 더러 존재하는데 이럴 때의 처신도 굉장히 중요하다. 즉, 인하우스 통역사는 통역 및 번역을 담당하는 전문직원과 조직에 잘 녹아 드는 융화력이 요구되는 일반직원으로서의 자질을 동시에 갖추고 있어야 하는 자리다. 이 둘의 경계를 적절하고도 센스있게 넘나드는 통역사가 되는 것이 중요하다. 그래서 본인이 조직문화, 특히 위계 질서가 분명 존재하는 한국식의 일반적인 직장문화에 어울리지 않거나 적응하기 힘든 사람이면 자율성과 자유가 더 크게 보장되는 프리랜서 통번역사를 하는 것이 좋다. 이와는 반대로 소속감을 중히 여기고 4대 보험 등의 각종 사회적 안전장치 하에서 일하고 싶은 사람은 인하우스 통번역사가 어울린다.

보통 대학 졸업 후 바로 통역대학원에 진학하거나 직장 경력을 쌓은 뒤 통역대학원에 입학하여 통역사가 되는 경우가 많은데, 필자는 직장 경험도 있는 데다가 통역대학원 진학 전 영국에서 유학하여 석사학위(저널리즘)를 취득하였다. 이미 석사 유학을 하고 온 상태에서 다시 공부하여 통역대학원에 입학한, 조금 독특한 경우라 할 수 있다. 때문에 단순한 어학실력뿐 아니라 영어권 문화와 학습체계를 모두 경험해 본 입장이라 통역, 번역을 하는 데 도움이 되는 면이 많다. 필자가 이 책을 쓰는 이유도 여기에 있다. 통역과 번역을 직업으로 하고 있으나, 그 전에 평범하지 않은 경험 또한 해본 사람으로서 언어학습에 있어 나누고 싶은 이야기가 많다. 그 생생한 조언을 이제부터 서술해 보겠다.

1. 외국어 공부법

나에게 맞는 공부 스타일

언어공부에서 가장 중요한 것은 본인에게 맞는 공부 스타일을 찾고 이를 계속 유지해나가는 일이다. 단기간에 이를 빨리 찾은 사람도 있고 시행착오를 거치며 찾기까지 오랜 시간이 걸리는 사람도 많다. 필자가 오랜 공부 끝에 찾아낸 나의 공부 스타일은 복습과 노트정리다. 남들 보기에 귀찮고 우둔해 보일 지 모르나, 유학시절, 통역대학원 입시학원, 통역대학원 시절 수업시간에 배운 내용이나 평소에 접한 표현들을 노트에 적고 수시로 외우는 것이 재미도 있고 효과도 컸다. 방법은 단순하지만 다양하다.

1차 노트에 적은 내용을 복습하면서 다시 간추려 2차 노트에 정리해 놓기, 정리한 내용에 가지를 쳐 가며 연결어나 표현 찾아 정리하기, 언론에 자주 등장하는 표현을 적고 개념과 사용예시를 확장해가기 등 원하는 대로 방법을 달리해가며 재미있게 공부한다. 또한 소프트 카피(컴퓨터에 엑셀로 정리)와 하드 카피(수기로 정리한 노트 및 엑셀 인쇄물)를 함께 정리하며 꾸준히 복습한다. 위에서 밝혔듯, 필자는 잦은 해외출장으로 하늘에서 보내는 시간이 상당하기에 정리노트나 인쇄물을 항상 소지하여 비행기 내에서도 틈틈이 외운다. 참 신기하게도 볼 때마다 새롭고, 궁금한 표현들이 끊임없이 연결된다.

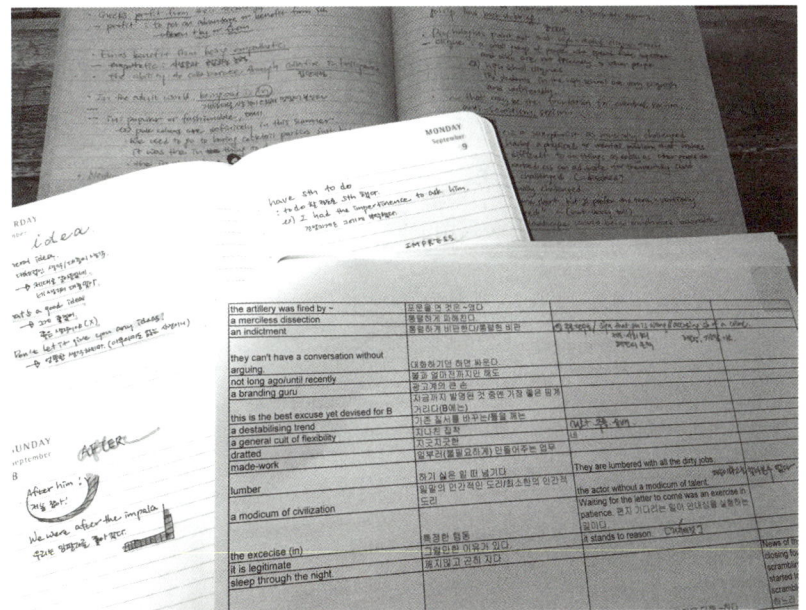

통역대학원 입시학원에서 공부한 내용을 정리해 놓은 노트(맨위)
번역가 안정효님의 '안정효의 오역사전'으로 공부하며 틀리기 쉬운 표현을 정리한 노트(왼쪽)
인쇄하여 소지하고 다니는 자료. 기존 내용을 수시로 업데이트하여 역으로 소프트 카피에 재기록한다(오른쪽)

영어다운 표현 연습

필자가 영국에서 공부하던 시절, 에세이 및 시험을 볼 때마다 담당 교수들로부터 늘 지적을 받던 것이 있었다. '이건 영어가 아니다!' 나름

영어공부도 많이 해왔고, 영국에서 외로움을 이겨내며 공부하고, 기숙사 옆방에 살던 잘생긴 영국 친구에게 창피함을 무릅쓰고 영어 검수까지 받은 에세이인데, 눈에 빤히 보이는 영문을 보면서 영어가 아니라고 하다니! 초창기에는 이 말이 이해가 안 가기도 하고 억울하기도 했는데, 영국에서의 생활이 길어지며 그 곳 생활과 언어에 익숙해져 가면서 교수님들의 지적이 서서히 이해되기 시작했다. 즉, 한글 그대로 영어 표현에 대입한 영어는 어색할 수 밖에 없다는 것이다. 무슨 말을 하는지 이해는 하지만, 제대로 된 영어표현이나 사고가 아니다 보니 자연스럽지 않다. 특히, 필자의 당시 전공은 저널리즘이었으니, 학생에게 부여되는 고급언어 사용에 대한 기대치가 최고로 높은 터라 교수님들의 답답함은 아마도 엄청났을 것이다.

모국어 체계가 잡히기 시작하는 유소년기에 외국에서 자란 사람이라면 모르겠지만, 성인이 되기까지 대부분의 시간을 한국에서 보낸 필자(그리고 독자 여러분) 같은 사람은 이 영어다운 표현을 익히는 것이 어려울 수 밖에 없다. 한 가지 간단한 예를 들어 보겠다.

A: 이것을 보면 정부에 대한 불만이 커지고 있음을 알 수 있습니다.
B: If we look at this, we can clearly see that people are increasingly dissatisfied with the government.
C: This is a clear indication of the growing dissatisfaction with the government.

위의 A 문장을 영작할 때 한국식 사고로 접근하면 B의 문장이 나온다. B가 틀린 문장은 분명 아니다. 또한 B보다 C가 항상 좋은 문장이 된다고도 말할 수 없을 것이다(어떤 상황에서는 B처럼 우리 식의 사고로 천천히 단계를 밟아 설명해야 하는 경우도 있다). 그러나, B 문장은 영어식 사고와 표현으로 볼 때는 어색할 수 있다. 영어 학습자 입장에서는 A에서 B를 이끌어 내는 것도 대단한 일이나, 이 단계에서 머무르지 말고 영어식 사고와 표현을 익혀가면 자연스럽게 C를 내뱉을 수 있다. 물론, 통역사인 필자는 B를 거치지 않고 A에서 C가, 반대로 C에서 A가 바로 나와야 한다. 심지어 통역할 때 C가 생각이 나지 않아 B처럼 말하는 경우도 있으니, 영어 학습자 입장에서 이 단계가 얼마나 어려운지 짐작할 수 있다. 필자가 영국에서 벽안의 교수님들에게 늘 혼이 났던 것처럼.

이 함정에서 벗어나기 위해 필자는 BBC, NPR 등의 언론을 꾸준히 접하면서 표현을 공부한다. 아침 출근 시 마다 항상 저 두 언론의 podcasts를 듣는다. (타 podcasts도 들으려고 노력하지만 대체로 한 에피소드 당 분량이 길어서 자주 흐름을 놓치게 된다) 참고로, 필자가 듣는 NPR News Now는 분량이 5분 가량이며 하루 세 번 미국 및 전 세계 뉴스를 최신화하며 전한다. 또한 BBC Global News Podcast는 약 25분의 분량으로 하루 두 번씩 최신화되며 NPR 보다는 좀더 심화된 뉴스를 전달한다. 출근 시 운전하며 방송을 듣다가 귀에 딱 꽂히는 표현이나 아는 것 같은 데 갑자기 뜻이 기억나지 않는 표현들이 나올 때가 있다. 운전 중이니 손을 쓸 수 없으므로 입으로 그 표현을 중얼중얼하여 잊어 버리지 않게 한 다음 회사에 도착하는 순간 바로 적고 표현을 찾아 정리한다. 신기하게도 이렇게 찾아서 정리한 표현은 기억에 오래 남는다.

해외 뉴스가 아직 어려운 사람이라면 한국 뉴스를 전하는 외신을 집중적으로 보기를 권한다. 한국 뉴스를 먼저 접한 상태에서 외신을 보고 듣기 때문에 내용 파악이 쉽고 영어가 잘 들리게 된다. 또한 우리말 표현을 영어로 어떻게 바꾸는 것이 자연스러운지 배울 수 있다. 같은 주제의 한국 뉴스를 다양한 외신으로 접하면서 표현이 어떻게 달라지는지 배우는 것도 재미있을 것이다.

지구 구석구석 출장을 다니는 필자는 각 비행기에서 제공하는 해외 드라마와 영화를 보며 그나마 지루하고도 힘든 비행시간을 견딘다. 해외 드라마의 경우 코미디물을 즐겨보는데 상대적으로 말이 빠르지 않고 대화가 짧게 끊어지며 이어지기 때문이다. 자막 없이 보는 경우도 있지만 한글 자막을 켜고 볼 때 원문과 비교해 기가 막힌 번역을 발견하는 경우가 종종 있다. 그럴 때는 누군지는 모르지만 해당 번역사에 존경을 표하며 수첩을 꺼내 바로 정리한다. 더 자연스러운 영어표현을 익히기 위한 노트 정리와 복습을 좋아하는 필자의 공부 스타일은 이렇다.

한국어의 중요성

아무리 영어를 잘 한다고 해도 모국어인 한국어 실력이 떨어지면 그 통역, 번역사를 누가 신뢰할 수 있겠는가. 통역대학원 입시준비와 대학원에서 공부하는 내내 강사님과 교수님들께서 우리말을 잘 하는 것이 중요하다고 늘 강조하셨다. 그 중요성을 깨달아왔지만, 막상 현장에서 부닥치고 보니 크게 두 가지 면에서 놀라고 부끄러워진다. 첫 째는 생각보다 우리말을 정확하고도 제대로 구사하기 어렵다는 것이고, 둘 째는 내 부족한 한국어 실력이 그 어려움에 단단히 한 몫하고 있다는 점이다.

통역 시 긴장하거나 상황이 긴박하여 빨리 통역을 해야 하는 경우 우리말이 꼬여서 나올 때가 있다. 문장의 호응관계가 맞지 않거나 적확한 단어를 선택하지 못하는 경우 심지어 발음을 틀리게 할 때도 있다 (세상에 우리말인데도!). 그리고 영한 번역 시 맞춤법과 띄어쓰기에서 헷갈리는 경우도 허다 하다. 참으로 한글은 쉽지 않은 언어인 것 같다. 그래서 휴대폰에 맞춤법과 띄어쓰기를 확인할 수 있는 앱을 설치하여 영-한 번역을 할 때 이용하고 있다.

통역이나 번역 시 순발력을 발휘해야 하는 상황에서 실수하지 않기 위해 필자는 평소에 쓰는 말에 집중한다. 웬만하면 줄임말이나 은어, 속어 등을 쓰지 않고 메신저나 문자를 보낼 때도 띄어쓰기까지 신경 쓴다. 이렇게 평소에 좋은 습관을 길러 놓아야 긴박하고 중요한 순간에 실수할 확률을 줄일 수 있다.

> ❝
> 평소에 좋은 습관을 길러 놓아야
> 긴박하고 중요한 순간에
> 실수할 확률을 줄일 수 있다
> ❞

2. 영어를 잘 하는 법

방법을 몰라서가 아니다.

어떻게 하면 영어를 잘 할 수 있을까요? 지금껏 통역사로 일하면서, 아니 그 전부터 가장 많이 받는 질문이었다. 물론 자신의 상황을 구체적으로 설명하면서 영어 실력향상이 절실하다고 하는 사람도 꽤 있다. 그럴 때 필자는 최대한 상대의 이야기를 경청한 다음, 이에 맞춘 조언을 해준다. 그렇지만, 위의 질문을 하는 사람들의 대다수는 영어를 잘 하고 싶은데 어디서부터 접근해야 할 지 모르겠다는 이들이다. 또는, 본인 아이의 영어교육을 어떻게 시켜야 하는지 고민을 토로하는 사람도 있는데, 성인의 영어교육보다 아이 교육에 대한 조언이 훨씬 어렵다. 아이의 성격이나 생활환경 등의 변수가 너무나 많이 존재하기 때문에 제대로 알지 못하는 상황에서 함부로 이야기 할 수가 없기 때문이다.

특수하고도 구체적인 상황에 놓인 사람의 질문을 포함하여 필자가 가장 많이 하는 보편적인 대답은 '관심과 반복'이다. 사실, 대학생이나 성인이 영어 공부법을 정말 모르지는 않을 것이라 생각한다. 그럼에도 불구하고 위의 질문을 하는 이유는 바쁜 생활 속에서 그나마 쉽게 실력향상을 할 수 있는 방법을 알고 싶거나 시간이나 비용 대비하여 훨씬 효율적인, 조금이나마 왕도를 찾고 싶은 마음일 것이다. 그 마음과 간절함은 필자도 질릴 만큼 겪어 보았기에 잘 알 수 있다. 그러나, 배움에 왕도는 없다. 특히 성인의 외국어 학습에서는 더욱 그렇다. 꾸준한 관심을 두고 쉽게 접할 수 있는 다양한 방식으로 반복해서 공부하는 것 밖에는 없다. 이것이 기본이자 기초이자 불변의 법칙이다.

하지만 이 대답은 수능 만점자의 '국영수를 중심으로 예습복습 철저히'와 같은 대답이 될 것이므로 다음에서 더 자세한 조언을 제시하겠다.

목적을 구분하라

본인이 영어공부를 왜 하는지 그 목적을 생각해보자. 어학연수나 유학, 직장에서의 승진을 위해 공인 영어점수가 필요하다면 그에 맞는 시험에 맞춘 공부를 해야 한다. 아마 토익이 가장 흔하게 준비하는 시험이 될 것이고, 유학을 앞둔 사람은 토플이나 아이엘츠를 준비해야 할 수도 있다. 영어시험은 본인의 목표점수에 맞게 공부시간을 배분해서 단기간에 점수를 얻고 끝내는 편이 좋다. 특히, 가장 많이 준비하는 토익은 장기전이 별 효과가 없다. 목표점수를 언제까지 달성해야 하는지 고려해서 짧으면 3개월 길면 6개월 안에 도달하는 것이 좋다. 물론, 토익을 처음 접하는 경우, 어휘력이 전무한 경우, 회사일이 바빠 도저히 공부시간이 나지 않는 경우는 조금 길게도 잡을 수 있지만, 장기전으로 붙들고 있다고 실력이 크게 향상되지 않는다. 본인이 아무 방해도 받지 않는 시간이 하루에 최소 몇 시간인지 생각해보고, 그 시간대가 언제인지 정한 다음에 철저하게 공부에 몰입해야 한다. 예를 들어,

자유로운 시간이 아침시간 밖에 없으면 공부할 교재를 그 전날 밤 책상에 펼쳐놓고 다음 날 아침 일어나자마자 바로 책상에 앉아 공부를 해야 한다. (화장실에 다녀오거나 커피를 마시는 등의 행동도 공부 할당량을 채운 후에 한다) 직장인은 공부를 병행하는 것이 힘들다는 것도 알고 있다. 이것이 단기간에 확실히 공부해서 점수를 받아야 할 이유 중 하나다. 시험에 대한 감이 없다면 전문 어학원을 다니거나 동영상 강의를 들으면 된다. 또한 학원가를 중심으로 각종 커뮤니티에서 시험공부의 조언이나 정보들이 많이 올라와 있으니 필요하면 참고할 수 있다. 이렇게 몰입해서 준비하고 원하는 점수 받고 딱 끝내야 한다.

유학을 앞두고 영어실력을 향상해야 하는 사람도 있다. 시험점수와는 별도로 전체적인 영어실력을 키워야 하는 경우다. 필자가 생생하게 겪어 본 바로는, 최대한 한국에서 영어실력을 많이 키워놓고 가는 것이 좋다. 유학에 앞서 설렘과 기대가 큰 마음이야 이해하지만 조금 차분하게 이런 마음을 누르고 최대한 보수적으로 상황을 가정해야 한다.

필자가 유학을 앞두고 학부시절 교수님께 추천서를 받고자 찾아 뵈었을 때, 교수님께서는 나의 용기를 칭찬해주시면서도 한국에서 최대한 영어공부를 많이 해서 가야 한다고 조언해주셨다. 당시 필자는 외국에서 공부한다는 생각에 들떠 있기도 했고, 하던 일도 바빴기 때문에 영어공부에 몰두할 시간이 충분하지 않았었다. 한편으로는 '영국에서 직접 부딪혀가며 배우면 되지, 난 잘 할 수 있어'라고 안이하게 생각했던 것도 사실이다. 그러나, 이 자신감은 학기 시작 전날 오리엔테이션에서부터 산산이 깨졌다. 전 세계 다양한 국가에서, 그것도 학부가 아닌 석사

공부를 하겠다고 온 친구들이었으니 영어실력이 다들 어마어마했다. 더군다나 필자의 전공은 저널리즘이었으니, 단순히 영어로 대화가 통하고 영자신문 잘 읽는다고 '이 정도면 통하지 않을까'라고 생각했던 나의 실력은 교수진의 기대치 발끝에도 미치지 못하는 것이었다. 추천서를 써 준 교수님의 조언이 뼈저리게 다가왔던 시간이었다. 아마 당시 같이 공부했던 과 동기들 중 내 실력이 꼴찌였을 것이다. 털어놓기 창피한 이야기지만 사실이었다.

유학을 앞두고 학교에서 요구하는 공인영어시험 점수에 도달하는 과정도 힘들다. 그래서 일단 점수를 받아놓고 원하는 학교에서 합격통보를 받을 때의 기쁨으로 들뜨는 마음도 이해한다. 그렇지만 유학은 결코 쉽지 않다. 그나마 외국에서 덜 고생을 하려면 떠나기 전 과분하다 할 정도로 준비하고 공부해야 한다. 만약 대학원 과정으로 진학한다면 관련전공의 저명한 학자가 쓴 책을 많이 읽고 이론과 전문어휘 등을 정리한다. 영어 원서로 읽는 것이 좋지만 너무 어려우면 금방 포기하게 되므로 한글 번역서라도 읽고 정리해 놓는다. 또한 세미나 및 토론으로 진행하는 수업이 상당히 많기 때문에(인문 사회계열은 특히 그렇다) 관련 강의 동영상 등을 최대한 많이 접하는 것이 큰 도움이 될 것이다. TED.com 등의 사이트에서는 주제별로 수많은 발표 동영상을 제공하고 있으므로 최대한 많이 찾아서 공부하도록 한다. 이런 공부라도 해 놓아야 세미나 및 토론 수업에서 못해도 흐름이라도 잡을 수 있다. 토론 수업에서는 내가 아무리 준비를 잘 해간다고 하더라도 다른 학생들의 발언이 어떤 쪽으로 흘러갈지 사전에는 전혀 알 수가 없으므로 흐름을 잡기도 힘들다. 전 세계 각지에서 온 그들이 사석에서는 서로 힘든 시간을 위로하고 함께 잘 지낸다 하더라도 수업시간에는 한치의 양보가 없다. 본인의 생각을 털어놓고 토론의 주도권을 잡아가야 하기 때문에 상대의 머뭇거림이나 소심함을 결코 배려해주지 않는다. 상대끼리 설전을 벌일 때 그 가지를 잡아가지 못해 내 생각을 이야기 할 수조차 없을 때 그 당황스러움과 자괴감은 차마 말로 할 수 없다. 필자의 수업 초창기 때가 그랬다. 과 친구들이 한참 그 날의 주제로 논쟁을 벌일 때 필자가 쉽사리 따라가지 못하니까 담당 교수님은 아예 토론에 참여하지 않는 사람은 점수를 주지 않겠다고 경고했다. 나를 두고 하는 말이었다. 이런 상황을 겪지 않기 위해 할 수 있는 일은 공부밖에 없다. 그러니 한국에 있을 때부터 준비를 많이 하라는 것이다. 학부과정으로 진학을 준비하는 사람도 마찬가지다. 전공서적을 읽고 자주 쓰이는 전문어휘를 정리하면서, 프레젠테이션 수업에 대비하여 발표할 때 쓰는 기술과 문장 등을 익혀 놓는다.

외국에서의 낭만적인 대학생활, 물론 가능하다. 다양한 나라에서 온 친구들도 사귀고 서로의 문화를 배우는 것도 즐겁다. 그러나, 식사 및 거주지 문제, 비자문제 등 한국에서는 자신이 신경조차 쓸 필요가 없던 일들을 외국에서 직접 부닥치며 해결해가야 하기 때문에 정신적인 스트레스가 상당해 질 수 있다. 학교 공부에도 당연히 영향을 미치고, 때마침 찾아온 외로움과 겹쳐 고통이 배가 될 가능성이 크므로 최대한 준비를 철저하게 하고 가는 것이 중요하다.

시험이나 유학 목적이 아닌, 단순히 회화실력을 키우고 싶은 사람도 있다. 어떤 면에서는 이 경우가 가장 조언해주기 힘들다. 사실 영어실력을 향상하려는 뚜렷한 목표나 목적이 없다면 가뜩이나 바쁜 일상생활에서 원하는 지점에 도달하는 과정을 수행하기가 쉽지 않기 때문이다. 예를 들어, 회화 실력을 늘리고 싶은 사람에게 가장 좋은 방법은 현지에 가서 각종 상황에 직접 맞닥뜨려 대화를 해보고 장기간 어울리는 것이지만, 그런 환경을 확보할 수 있는 사람은 많지 않을 것이다. 이런 현실적인 어려움을 알기 때문에 조언이 어려우나 워낙 질문을 자주 받기 때문에 나름대로 생각을 정리해보았다.

최근 추천하는 방법은 본인이 가장 좋아하는 주제로 접근하는 것이다. 내가 제일 관심 있고 좋아하는 것을 한 두 개 꼽아본다. 어떤 것이든 괜찮다. 자세하면 자세할수록 좋다. 그리고 그 주제와 관련 있는 영상이나 뉴스를 찾아서 본다. 동영상 사이트에 관련 단어를 입력하면 무수히 많은 영상이 나올 것이다. 차근차근 보면서 해당 주제에 대한 지식을 키워간다. 시간을 두고 영상이나 뉴스를 찾아 보다 보면 서서히 겹치는 단어와 표현이 나온다. 이것들을 정리하면서 주제의 범위를 넓혀가는 것이다. 이렇게 익혀 놓은 반복 표현은 어디서 만나든 상관없이 또렷하게 들리게 된다. 제대로 들린다, 즉, 뜻이 바로 연결이 된다는 것은 그 표현이 오롯이 내 것이 된다는 것이다. 이런 과정을 거치면 자연스럽게 다른 주제로 연결이 되면서 영어실력이 향상이 되고 익혀놓은 표현을 상대와 대화 할 때 쓸 수 있다. 서로의 관심사로 대화가 전개되는 경우가 흔하기 때문이다.

필자는 학부 및 대학원 전공이 저널리즘이었기 때문에 언론을 필수적으로 많이 접해야 했고, 그 중에서도 정치나 스포츠에 관심이 많아 해당 주제의 신문 혹은 텔레비전 뉴스를 많이 보았다. 특히 신문을 많이 활용했는데, 영국에서는 아침마다 학생회관에서 할인가격으로 판매하는 신문을 사서 좋아하는 주제 위주로 꼼꼼히 읽고 관심 있는 표현을 노트에 따로 정리하였다. 이 과정이 반복되면 비슷한 주제를 다루는 언론의 표현들이 서서히 겹쳐 나오기 시작한다. 이전에 암기했던 표현을 우연히 뉴스에서 들었을 때의 희열은 사소하지만 엄청나다. 영어공부의 강력한 동기가 되는 것은 말할 것도 없다.

> ❝
> '이 정도면 통하지 않을까'라고 생각했던 나의 실력은
> 교수진의 기대치 발끝에도 미치지 못하는 것이었다.
> ❞

3. 예비 통역사 혹은 통역사를 꿈꾸는 이들에게

지금 통역대학원 진학을 계획하거나 미래에 통역, 번역사를 꿈꾸는 사람들에게 필자가 현장에서 뛰면서 쌓아간 경험들을 공유하려 한다.

각 세팅에 어울리는 자세를 갖춰라.

통역대학원에서 학습하는 통역은 크게 동시통역과 순차통역으로 구분된다. 여기서 좀더 세분화하면 위스퍼링, 식사통역, 수행통역 등으로 나눌 수 있다. 그러나 필자가 인하우스 통역사로서 겪은 세팅은 훨씬 더 다양했고 예측 불가능했으며 종류를 구분하기 어려운 경우가 허다했다. 통역대학원에서의 공부와 연습은 그야말로 극히 기본이자 기초에 불과했던 것이다. (물론 힘들었던 그 시절이 없었다면 이런 생생한 현장에 적응조차 하지 못했을 것임은 당연하다) 일례로, 필자의 업무에서는 순차통역의 빈도가 가장 높은데, 지금까지 한 통역 중에서 전형적으로 흘러가는 순차통역이 거의 없었다. 미처 생각하지 못한 상황이 튀어나오고 때로는 다소 당황스러운 요구를 받는 경우도 있다. 통역이 아니라 영어로 직접 회의를 이끌거나, 시간이 부족하니 상대의 발언을 요약해서 전달하거나, 회의 후 내용을 보고서로 정리해 제공하거나, 심지어는 통역한 지 한참 지나 그때 무슨 말을 했었는지 상기해달라는 부탁 등이다. 가뜩이나 긴장한 상태에서 예상치 못한 상황을 접하면 더욱 힘들다. 그렇지만 통역사는 이 모든 상황에 의연하게 대처하고 재빠르게 적응해야 한다. 속으로는 당황하더라도 겉으로 티를 내면 안 된다.

인하우스 통역사는 gray area?

프리랜서 통역사는 그렇지 않지만, 인하우스 통역사의 포지션은 소속 회사에 따라 조금 모호할 수 있다. 앞에서도 잠깐 언급했듯이 통번역사는 분명 전문직종이지만 기업 혹은 조직의 일원이기 때문에 일반직원 같은 자세를 요구 받을 때가 있기 때문이다. 본인이 몸담고 있는 조직 문화가 통역, 번역업무 수행에 지장을 주지 않는다면 그 문화에 적절히 순응하고 맞출 수 있는 자세가 중요하다.

통역대학원 시절 어느 교수님이 '인하우스 통역사는 그림자 같은 존재가 되어야 한다'고 말씀하신 적이 있는데, 당시에는 크게 와 닿지 않았지만 통역사로 일하다 보니 이 말에 정말 공감하게 된다. 조직 내에서 일하다 보면 서운한 일, 기분 나쁜 일, 당황스러운 일 등을 겪을 때가 있다. 내 번역물이 마음에 안 든다고 되돌려 보내거나, 통역을 제대로 해달라고 항의하거나, 윗사람의 선호도 등의 문제로 동료 통역사에게 일이 넘어가 버리는 등 정신력이 약하지 않은 필자도 때로는 화가 나는 상황을 겪는다. 그럴 때마다 늘 '그림자 같은 존재'로서의 나를 되새긴다. 서운하거나 기분 나쁠 상황에서도 스스로를 다스려야 한다고 말씀하신 그 교수님의 당시 조언은 이렇게 끝이 났다. '통역사는 원래 그런 존재다.' 정말 그렇다.

통역별 간단 조언

순차통역에서 필수로 하는 노트테이킹은 통역사 성향에 따라 많이 하는 사람과 적게 하는 사람으로 나뉜다. 필자는 노트테이킹을 많이 그리고 크게 하는 편이어서 통역용 노트의 소모도 엄청나다. 노트테이킹의 많고 적음은 유불리를 따질 만한 주제는 아니다. 통역대학원을 나온 사람이라면 학교 때부터 익혀온 본인 성향에 맞게 하면 될 것이다.

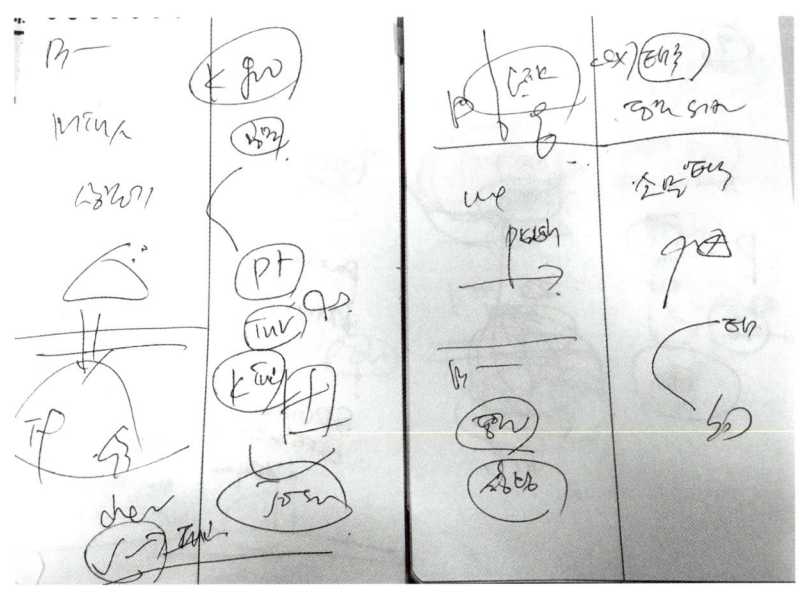

필자의 노트테이킹. 다른 사람은 도저히 해독할 수 없다

문제는 통역대학원을 나오지 않은 이들이다. 종종 타 기관 혹은 부서의 통역사 채용을 위한 면접관으로 참여할 때가 있는데 통역대학원 출신이 아니어도 지원자들의 학력과 영어실력은 매우 훌륭한 데 비해 막상 통역 테스트를 하면 어렵거나 길지 않은 분량임에도 제대로 하지

못하는 사람이 많다. 필자는 노트테이킹 및 이에 수반되는 해독과정이 익숙하지 않아서 생기는 문제라고 본다. 아무리 영어를 유창하게 하는 사람이라도 대화나 자기주장이 아니라 통역을 한다는 것은 쉽지 않은 일이다. 그러므로 통역대학원을 나오지 않았지만 통역사를 꿈꾸는 사람이라면 평소에 영어나 우리말을 몇 문장 듣고 명료하게 적어보는 연습을 해보자. 글씨보다는 기호나 그림으로 듣는 언어(출발어라고 한다)보다는 통역해야 하는 언어(도착어라고 한다)로 표현하는 것이 좋다.

큰 행사의 동시통역은 인하우스 통역사보다는 프리랜서 통역사를 고용하는 경우가 많지만 인하우스 통역사에게 맡기는 경우도 있다. 아무래도 외부에서 고용하는 프리 통역사보다 전문용어 숙지나 자료제공 면에서 더 편하기 때문이다. 동시통역은 단 한 글자라도 말을 줄이는 것이 생명이다('버스카드'를 '버카'로 줄이는 것처럼 단순히 생략하라는 것이 아니다). 한국어는 영어와 어순이 정반대이기 때문에 말이 길어지면 도저히 따라 잡을 수가 없기 때문이다. 평소에 좀더 효율적으로 대체하거나 긴 문장을 한 자어로 간단히 표현하는 연습('말라 죽어간다'를 '빈사상태'라고 하듯)을 하는 것이 좋다. 또한 불필요한 말을 많이 붙여서 하지 않는지 평소 어휘습관을 살펴보고 간결하게 말하는 습관을 기르도록 한다. 비단 동시통역뿐 아니라 모든 종류의 통역에 유용한 습관이다.

위스퍼링이나 수행통역은 큰 행사에서 하는 경우가 많다. 동시통역이 제공되지 않는 국제 컨퍼런스나 만찬에서 고위급은 헤드테이블에 앉게 되는데, 통역 대상자 뒤 혹은 옆에 앉아 위스퍼링을 하게 된다. 주로 개회사, 축사 등의 연설을 통역하는 경우 두 개 언어가 겹치지 않도록 최대한 핵심만 간결하게 전달하고, 장내 상황이 여의치 않으면 통역 대상자에게 양해를 구해 핵심만 정리해서 연설 끝에 전달하는 방법도 있다.

수행통역은 처음부터 끝까지 통역 대상자의 동선을 놓치면 안 된다. 걸어가면서 통역해야 하는 상황도 많은데 메모리 만으로 내용 전달을 하기 벅찰 때(예를 들면 숫자를 많이 이야기 하는 경우)를 대비하여 작은 수첩을 소지하도록 한다. 행사장에서 만나는 외국 관계자들을 사전에 파악하여 그들 성함과 직책 각각을 정리하고 통역 대상자가 이들을 일일이 마주하고 인사 나눌 때 위스퍼링으로 알려주면 더욱 좋다.

큰 행사의 사회를 맡아 영어로 진행을 할 때가 있다. 단상에 서면 앞이 캄캄하다. 객석의 수많은 이들이 모두 나를 보고 있다. 행사진행 처음에는 말 그대로 입이 떨어지지 않았다. 주로 앉아서 하는 통역과는 또 다른 종류의 긴장감이 느껴진다. 더군다나 연극무대의 독백연기처럼 조명이 위에서 나를 직접 비추고 있기 때문에 긴장하고 굳은 표정은 바로 드러난다. 이 뿐만 아니라 행사를 진행하다 보면 예상치 못한 사건이 많이 터진다. 갑자기 마이크가 안 나오거나 준비한 영상이 재생이 안 되거나 심지어 진행을 하다가 급작스럽게 통역을 해야 하는 경우도 있다. 모두 필자가 경험한 일들이다.

이런 당황스러운 상황을 만나더라도 얼굴에 최대한 드러나지 않도록 해야 한다. 진행자가 우왕좌왕하면 객석은 더 혼란해진다. 진행 시작 전 현장의 동선이나 조명, 객석 테이블의 배열 등을 살펴보고 행여 발생할 수 있는 돌발상황을 예상해 본다. 예기치 않은 사고로 진행이 끊어지는 경우에 대비하여 문구를 몇 가지 더 만들어 놓는다. 앞에서 조명이 터져도, 마이크가 꺼져도, 발표자가 도착하지 않았어도 진행자는 무슨 일이 있냐는 듯 매끄럽게 행사를 이끌어가는 자세를 갖추어야 한다.

발성연습도 빼 놓을 수 없다. 신문기사 등을 읽어보고 이를 녹음하여 들어보면 본인의 발성이나 목소리, 속도 등을 파악할 수 있다. 필자는 평소 대화 시 말의 속도가 빠른 것을 인지했기에 행사를 진행할 때는 평소 발화 속도보다 의도적으로 반 박자 느리게 말한다. 또한 이외로 한글 발음과 발성이 부정확하게 나오는 경우가 많으므로 아나운서처럼 발음을 정확히 하려고 노력한다. 이를 위해 필자는 매일 종이신문(현 시대에 몇 되지 않을 종이신문 정기 구독자이다)의 사설을 바닥에 펼쳐놓고 허리를 반쯤 굽혀 읽기 연습을 한다. 마치 앵커가 뉴스를 진행하듯 띄어쓰기까지 신경 써서 읽어본다. 이렇게 하면 복부에 힘이 생겨 발성과 발음이 좋아진다.

> "
> 늘 '그림자 같은 존재'로서
> 나를 되새긴다
> "

4. 어학연수 혹은 유학을 준비하는 이들에게

어학연수나 유학 등으로 현지에서 지낼 기회가 주어지는 사람은 그렇지 않은 사람보다 언어 학습에서 더 유리하다. 언어 습득은 언어 그 자체의 연습이 절대적이지만 그 언어에 담긴 문화, 역사, 생활습관, 심지어 각 단어에 담긴 뉘앙스까지 파악하는 일이 큰 도움이 되기 때문에, 현지에서 부딪혀 본 사람은 다방면으로 언어 학습의 기회와 범위가 넓어지게 된다. 필자 역시 통역대학원 진학 전 영국유학을 하지 않았었다면 한낱 부족한 언어 실력을 폭 넓게 향상 시킬 기회를 얻지 못했을 것이라 생각한다. 앞에서 유학을 앞둔 사람들을 위해 영어공부에 대한 조언을 잠깐 했지만 어학연수나 유학을 생각하는 사람들에게 도움이 될 만한 이야기를 더 자세히 해보려 한다.

현지 회화에 빠져들어야 한다

현지인과의 대화나 문화 등을 화면으로 접하는 것과 현장에 직접 뛰어드는 것은 완전히 다르다. 내가 알던 것과 괴리를 느끼는 상황이나 환경, 예기치 못한 상황, 각각에서의 태도, 심지어 대화를 하거나 사람들과 어울리는 순간의 공기까지 모두 느껴보면서 대처하는 힘이 바로 언어를 익히는 원동력이 된다. 혹자는 한국에도 외국인이 많이 살고, 각종 커뮤니티 등에 가입하거나 어학원을 다니며 대화할 기회를 많이 만들 수 있으니 외국에서 직접 나누는 대화가 뭐가 다르냐고 할 지 모른다. 물론 맞는 말이다. 그러나, 한국에서 외국인과 나누는 대화는 아무래도 한국인에게 유리한 세팅이기 때문에 우리가 원하는 쪽으로만 주도를 해나가는 경우가 많아 확장성이 크지 않고 주제와 내용이 한정될 수 밖에 없다. 이에 반해 외국에서 나누는 대화는 정반대다. 그들의 대화에 내가 개입하는 것이기에 대화가 어디로 흘러갈 지, 어떤 표현이 나오는지 도무지 예측할 수 없다. 제대로 알아 듣지 못해 당황하며 때로는 얼굴이 화끈거리는 경험도 하게 될 지 모른다. 이렇게 현지에서 나누는 회화에 자주 빠져들어야 듣고, 대답하고, 다시 듣고, 다시 받아치는 능력을 기를 수 있다.

전화영어는 얼굴보고 대화하는 것 보다 더욱 어렵다. 상대를 보고 대화할 때 표정이나 바디 랭귀지 등의 도움을 받을 수 있는 것과 달리 전화로 나누는 영어는 오로지 말에만 의존해야 하기 때문이다. 외국에서 전화영어를 많이 연습해보길 권하는데 평소 친한 친구와의 통화뿐 아니라 사무적인 전화도 자주하면 영어실력 향상에 크게 도움이 된다. 일상생활에서 전화로 해결할 수 있는 일들을 최대한 전화로 많이 시도해 본다. 예를 들면 구매한 물건의 환불 조건을 물어보거나, 식당을 예약하거나, 현지에서 머물 주택을 구할 때 광고를 보고 주인에게 직접 연락하는 일 등 본인이 고객이 되는 상황에서 전화통화로 해결하는 기회를 일부러 많이 만들어 본다. 영어실력이 부족하더라도 상대방 입장에서는 자신들의 고객이 되므로 끝까지 들어주고 함부로 할 수 없다. 필자도 영국에서 이런 방식으로 전화 영어실력을 향상시켰다.

한국인과 어울리지 마라?

유학도 마찬가지지만 특히 영미권 국가에서 어학연수를 하게 되면 한국인을 워낙 많이 만나게 된다. 대도시일수록 한국인의 비중이 높은 편이다. 영어실력을 키우겠다고 현지로 왔는데 한국인을 만나 나도 모르게 우리말로 대화를 나누고 있는 상황이 모순적이라고도 할 수 있지만, 오는 한국인을 막을 수도 없고 그렇다고 한국인이 아예 가지 않는 곳으로 어학연수를 떠나는 것도 쉽지 않다. 어쩔 수 없이 한국인을 자주 만나야 하는 상황이라면 규칙을 정해놓고 지켜볼 것을 권한다. 예를 들면, 학교에서 만날 때는 무조건 영어로 대화하기 등을 상대방에 제시하여 서로 지키도록 노력하는 것이다. 이외로 실천하기 쉽지 않다. 서로 부족한 영어로 더듬더듬 대화를 해야 하는 상황이 웃기기도 하고, 더군다나 친해지면 영어대화가 어색해져서 자신도 모르는 사이에 우리말 대화로 돌아가는 경우를 많이 보았다. 그러니 본인부터 철저하게 정해놓은 규칙을 지키려 노력해야 한다.

사실, 외국 생활을 어느 정도 지속하다 보면 한국이 그리워지는 순간이 온다. 특히 추석, 설날 등 명절이나 현지에서 가장 큰 휴일인 크리스마스 등에는 더욱 그렇다. 이럴 때 한국인들의 모임이 외로움과 고충을 달래는 데 큰 도움이 된다. 어설픈 솜씨로 그리운 한국음식을 해 먹기도 하고 학업이나 생활에서의 어려움 등을 토로하면서 도움이 되는 정보도 교환한다. 즉, 한국인을 아예 안 만나는 것이 능사는 아니라는 것이다.

핵심은 디테일에 있다

조금만 고개를 돌리면 수많은 외국어 학습 과정을 접할 수 있는 요즘 세상이기에 굳이 외국에 나가지 않아도 국내에서 얼마든지 양질의 교육을 받을 수 있다. 물론 현지에서 생활한 사람이 그렇지 않은 사람보다 외국어 학습에서 더 유리한 위치에 있는 것은 사실이다. 왜 그럴까. 여러 이유가 있겠지만 필자는 사소한 곳에서 생생한 표현을 자연스럽게 접하게 되는 환경을 주된 이유로 꼽고 싶다. 현지인과의 회화를 넘어서 건물 간판, 광고문구, 표지판 등 고개만 돌리면 보게 되는 표현을 무궁무진하게 접할 수 있어 정규 학교수업에서 배우는 것과는 또 다른 언어 표현의 재미와 유익함을 배우게 된다. 길을 걷거나 버스를 타면서 볼 수 있는 마트, 카페, 서점 등 수많은 상점의 간판과 홍보문구, 도로 표지판, 공고문 등에 관심을 기울여라. 사소한 표현까지도 눈 여겨 보고 익히면 그것이 진짜 영어 실력이 된다. 텔레비전을 볼 때도 마찬가지다. 뉴스도 물론 좋지만 예능 프로그램이나 광고(영국은 기발하고 재미있는 광고가 많다) 표현에서 진짜 현지인이 사용하는 자연스러운 영어를 배울 수 있다. 처음에는 생소하고 재미 없을 수 있다. 그러나, 관심을 가지고 보다 보면 각 표현과 연결되는 우리말 표현이나 상황이 자연스럽게 떠오른다. 그리고 이렇게 스스로 알게 된 표현은 평생 자신의 것이 된다.

앞에서도 밝혔듯, 필자의 전공은 저널리즘 이었기에 신문, 텔레비전이나 라디오 뉴스를 항상 보고 들으면서 지내야 했다. 지금은 종이신문

구독률이 현저히 떨어졌지만 당시 필자는 아침마다 신문을 사서 한 시간 정도 읽으면서 하루 일과를 시작했다. 기사의 내용뿐 아니라 헤드라인과 소제목도 매우 재치 있고 기발한 표현이 많았기에 이를 노트에 따로 적거나 직접 오려서 스크랩하기도 하였다. 이렇듯 종이신문이나 잡지를 많이 볼 수 있는 것도 현지에서 언어를 학습하는 사람들이 가진 이점이라고 볼 수 있다. 또한 영미권에서는 발행하는 잡지와 신문의 주제 및 난이도가 매우 다양하므로 무조건 뉴욕타임즈나 이코노미스트만 고집할 것이 아니라 가십 전문 언론부터 정론지까지 두루 접해보는 것이 좋다. 그러면 각 상황과 수준에 맞는 어휘에 대한 감이 서서히 온다. 이 정도 상황에서는 이 수준의 어휘를 쓰면 되겠구나, 이렇게 전반적인 뉘앙스까지 배워갈 수 있다.

어학연수생은 토익책을 들고 가라

어학연수를 목적으로 하는 사람, 특히 대학생이라면 현지에 토익 등 공인영어시험 대비 서적을 가지고 갈 것을 권한다. 한국에서는 바쁜 일상을 살아도 외국에서는 생각보다는 바쁘지 않은 경우가 많다. 주로 수업에 참석하고 과제하고 사교활동하며 시간을 보내는 데 한 두 달 적응하는 바쁜 시기를 지나면 시간이 많이 남는다는 것을 알게 될 것이다. 이 시간을 방황하지 말고 잘 보내야 한다. 실제로 이 시간을 어찌할 지 몰라 허송세월을 보내는 친구들도 꽤 있다. 촘촘한 계획을 세워 자신만의 공부 루틴을 만들어 지켜야 보람 있는 어학연수를 마칠 수 있는 것이다. 그래서 필자는 토익 문제집(혹은 다른 시험도 좋다)을 가지고 가서 매일 단 30분씩이라도 공부할 것을 권한다. 남는 시간을 공부로 채운다는 의미도 있고, 수업 시 배운 것, 외국 친구들과 어울릴 때 쓰고 들었던 표현들과 겹치는 내용도 나오게 되어 시너지 효과가 난다. 그리고 어학연수를 마치고 돌아와서 바로 토익시험에 응시해본다. 알차게 공부한 만큼 실력향상이 되어 있을 것이다.

알바의 유혹

정도의 차이는 있겠지만 외국 생활을 하다 보면 금전적인 곤란함을 겪게 되는 때가 있다. 생활비가 생각보다 많이 들거나, 예기치 않은 일로 갑작스럽게 돈이 필요한 경우, 현지에서 여행계획을 세운 경우 등 부모님이 풍족하게 지원을 해주는 사람이 아니라면(지원을 받더라도 부모님께 죄송스러워서 쉽게 못쓰는 사람도 많다) 돈이 아쉬울 상황이 올 수 있는데, 이럴 때 '파트타임으로 일해볼까'라는 생각을 하게 된다.

법을 어기지 않는 범위 내에서 하는 알바는 도움이 될 수 있다. 단순히 돈을 버는 것뿐만 아니라 현지인과 함께 일하면서 회화실력도 많이 향상되고 문화도 더 깊숙이 배울 수 있기 때문이다. 필자도 석사를 마치고 박사과정(박사 1년 차까지 마쳤다) 진학을 기다리면서 여유가 있어 카페 바리스타로 일하기도 했다. 당시 근무했던 카페에서는 손님과 많은 이야기를 나눌 수 있는 환경이어서 일하면서 회화실력이 많이 향상되었을 뿐만 아니라 소소한 영국사람들의 생활이나 문화 등도 많이 배울 수 있었다.

그러나 명심할 것은 주객이 전도되면 안 된다는 점이다. 파트타이머 자리를 구하기도 쉽지 않지만 운 좋게 괜찮은 자리를 구했을 때 여행

자금 등을 마련하기 위해 과하게 알바를 하여 공부를 소홀히 할 수도 있다. 만약 하게 된다면 언어실력을 향상시킬 수 있는 환경인지, 체력적으로 부담되지 않는 시간대인지, 위험하거나 부당한 대우를 하지는 않는지 면밀히 따져봐야 한다. 주중에는 학교수업과 개인 공부에 집중하고 주말 혹은 토요일에만 알바를 하는 것도 좋은 방법이다.

> 사소한 표현까지도 눈 여겨 보고 익히면
> 그것이 진짜 영어 실력이 된다

에필로그

대단한 인생을 살아온 것도 지금 살고 있는 것도 아니지만 유학, 통역 대학원을 거쳐 통역사로 살아오면서 들려주고 싶은 이야기들이 있었기에 이 글을 쓰게 되었다. 쓰면서 돌아보니 영어를 못해 괴로워하던 시절부터, 긴장 가득한 상황에서 말을 이어야 하는 현재 통역사 생활까지 내 인생에서 영어가 차지하는 비중이 얼마나 큰지 새삼 깨닫게 되었다. 여기까지 오는 동안 겪은 수많은 우여곡절을 굳이 강조하며 감정에 치우치고 싶지 않다. 그러나 확실한 것은 영어를 잘 해야겠다는 의지로 열었던 작은 문이 용감하게 목표를 잡을 수 있는 기회를 주었다는 점이다.

그 기회를 살려 통역사로 살고 있지만 아직 갈 길이 멀다. 여전히 영어 팟캐스트를 듣고 표현 정리를 하고 반복 암기를 하는 이유가 여기에 있다. 실력이 부족하기 때문이다. 단 한 단어도 주저함 없이 완벽한 발음으로 말하고 현장에 있는 모두가 흡족해하는 그런 통역을 해보고 싶다. 예상하지 못한 주제로 대화가 흘러가도 당황하지 않고 모두 소화하는 통역사가 되고 싶다. 과연 몇 년을 더 노력해야 깔끔하게 통역을 마무리하고 한 치의 찝찝함도 남기지 않는 통역사가 될 수 있을까. 달성하지 못하고 내 커리어를 마무리 할 지도 모른다는 두려움도 있다.

우직하고 굳건한 성격의 소유자가 아니기 때문에 남들과의 실력 비교에서 오는 열등감은 나와 한 몸이 된 듯하다. 그래서 더욱 공부를 놓을 수가 없다.

통역대학원 재학 당시 교수님들께서 해주신 조언처럼 조금이나마 이 두려움과 열등감을 이겨내려는 노력을 통해 내 언어 실력이 향상된다는 점은 사실인 것 같다. 또한 슬럼프와 스트레스를 극심하게 받는 시기가 오히려 발전할 수 있는 기회라고도 하셨다. 예전에는 잘 믿지 않았지만 의도치 않게 몸소 체험하고 나니 이 말이 사실임을 깨닫게 됐다.

나의 이야기는 여기까지이다. 몇 장에 불과한 필자의 체험과 조언이 외국어를 학습하는 이들에게 조금이나마 도움이 되면 좋겠다. 필자가 그랬던 것처럼 더 나은 세상으로 나아갈 기회를 외국어로 만나게 되는 날이 오기를 바란다. 겪어보니 영어로 조율하는 세상은 힘들지만 참 재미있었다. 현재도 그러하다. 앞으로도 마찬가지일 것이다.

> ❝
> *두려움과 열등감을 이겨내려는 노력을 통해*
> *내 언어 실력이 향상된다는 점은 사실인 것 같다*
> ❞

오현숙

일본 고베대학 대학원
서울외국어대학원대학교
한일통역번역학과 교수

서울 쥬니어 오케스트라단
라이온즈 클럽 아시아 대회
서울 예술전문학교
청소년 연극단 來日

> 내가 느끼지 못하는 사이에도
> 외국어 실력은 끊임없이 늘고 있다

외국어 실력을 올리기 위한 10가지 조언

1. 기본자세_'피어스 법칙'

"고지가 바로 저긴데 예서 말 수는 없다"

일본어를 배우러 오는 학생 중에는 일본어를 배우기 시작한지 2년, 3년, 심지어는 10년이 넘는다는 학생들도 있는데, 이들 '왕王형님'들의 일본어 실력은? 놀랍게도 대부분이 초급 수준 정도이다.

이들이 일본어 학습기간이 긴데도 불구하고 그다지 실력이 늘지 않았던 까닭은 무엇일까? 여러 가지 원인을 생각해 볼 수 있겠지만, 가장 큰 원인은 역시 학생들이 도중하차하는 경우가 많기 때문이라고 생각한다. 사실 10년을 배웠다는 학생도 알고 보면 6개월 정도 공부하다가는 그만두었다가는, 그 후 1년 정도 쉬었다가 "이래선 안 되지, 다시 시작해야지" 하면서 다시 시작하고, 또 다시 중단하고 …와 같은 '시작과 중단의 반복'이라는 악순환을 거듭한 경험자인 것이다.

그래서 『초급 일본어 …』교재 앞부분만 시커멓게 손때가 묻어 있고 나머지는 새하얗게, 깨끗하고 청결하게 남아 있는 경우가 대부분이다. 이런 식으로는 평생을 공부해도 '도루나무아미타불!'이라는 것은 두말하면 잔소리!

이 같은 문제는 비단 일본어 학습에 한정된 것이 아니라 모든 외국어 학습과 관련되는 문제라고 생각하는데, 이런 문제를 방지할 수 있는 것이 바로 '피어스(뚫은 귀에 하는 귀걸이) 법칙'이다.

여성들, 요즘은 남성들도 많이 귀에, 심지어는 코와 혀, 배꼽까지도 구멍을 뚫는데 이 경우 구멍이 완전히 형성되려면 사람마다 차이는 있겠지만 약 1년 정도는 빼지 말고 계속 귀걸이를 하고 있어야 한다. 도중에 귀걸이를 빼고 오랫동안 그대로 있으면 구멍이 도로 막혀버리기 때문이다. 만일 다시 피어스를 하려고 하면 다시 새롭게 구멍을 뚫어야 한다. 그러나 1년 정도 계속해서 귀걸이를 하고 있으면 구멍이 완전히 뚫어지게 되어 그 후에는 귀걸이를 몇 년 동안 하고 있지 않더라도 구멍은 여전히 남아 있게 되는 것이다. 단지 귀걸이를 할 때 귀가 조금 아플 따름이다.

일본어 학습(외국어 학습)도 이와 마찬가지다. 일본어를 처음 시작해서 자신의 몸에 완전히 배게 될 때까지(이 기간은 학습자에 따라 차이가 있지만) 계속하지 않으면 대부분은 잊어버리고 만다. 그리하여 중단했던 공부를 다시 시작할 경우에는 예전에 학습했던 것을 반복해야 하는 슬픈 역사(?)가 형성되게 되는 것이다. 그러므로 외국어(일본어)를 자유자재로 구사할 수 있을 때까지는 공부를 중단하지 말지어다. 외국어는 쓰지 않으면 귀가 막히고, 입이 녹슬어버린다는 사실을 죽을 때까지 잊지 말지어다.

2. 슬럼프기(정체기) 극복 방법

"내가 보지 못하는 사이, 내가 느끼지 못하는 사이에도 외국어 실력은 끊임없이 늘고 있습니다."

외국어(일본어)를 공부하다 보면 어느 정도는 눈에 띄게 향상하다가 어느 순간에서 전혀 실력이 늘지 않을 때가 있다. 모든 학습자들이 이런 '정체기, 슬럼프기'를 겪는다. 그래서 "난 역시 일본어하고는 거리가 멀어!" 하며 중도하차하는 학생도 숱하게 많다. 하지만 '정체기나 슬럼프기' 때도 실력은 향상되고 있다는 것을 깨달아야한다. 다만 실력이 향상되는 것을 감지하지 못할 뿐이라는 사실을 잊지 말자. 그러므로 '정체기, 슬럼프기'는 '잠재적 발전기'라고 말할 수 있다.

'잠재적 발전'이 누적되면 어느 새인가 부쩍 업그레이드되어 있는 자신을 발견하게 될 것이다. '정체기, 슬럼프기'라는 시련의 시기를 슬기롭게 넘어야만 드높은 정상에 도달하는 기쁨을 누릴 수 있다.

3. 현지에서 생활하고 있는 것과 똑같은 환경을 만들라!

외국어 공부를 할 때 가장 이상적인 방법은 그 나라에 가서 생활하며 배우는 것이다. 그 나라 언어 환경에 100% 노출되어 있기 때문이다.

하지만 우리 대다수는 사정상 현지에 갈 수가 없다. 그렇다면 현지에 못 가는 사람은 성공할 수 없다는 것일까? 물론 아니다. 우리에게 성공의 가능성을 시사하는 사례가 있다. 속칭 '순수 국내파'의 성공기를 두고 하는 말이다. 즉, 현지에서의 생활 경험은 물론이거니와, 그 나라에 어학연수조차 가 본 적이 없는데 마치 원어민native speaker처럼 언어를 유창하게 구사하는 사람들 말이다. 이들에게 뭔가 특별한 비법이 있었던 것일까? 비법이라면 현지에 있는 것과 같은 환경을 만들어 공부한 것을 꼽을 수 있다.

"현지에서 생활하고 있는 것과 똑같은 환경을 만들라!" 적어도 그에 버금가는 환경을 만들어야 한다고 생각한다. 이를테면, 시간이 허용하는 범위 내에서 그 나라의 사람이 되는 것이다.

4. 머리 / 귀 / 입 3분리의 원칙 → 입과 귀를 혹사시키자!

흔히 언어는 뇌의 작용을 입이라는 발성기관을 통해 내보낸다고 생각해서 머릿속에서는 뇌까리면서도 직접 말을 연습하지 않는 사람들이 많다. 특히 남학생들! 머릿속에서 제아무리 훌륭한 문장이 만들어졌다손 치더라도 정작 말을 해보려면 내가 생각했던 문장이 잘 나와 주지 않는다. 그러니 능력시험 1급, JPT900 이상의 점수를 맞았으면서도 실제로 일본인과 대화가 잘 안 되는 경우도 허다한 것이다.

생각해보면, 우리가 일상생활에서 커뮤니케이션할 때 심오한 뇌의 작용을 거쳐서 하는 경우가 과연 어느 정도나 될까? 대화는 대개 반사적으로 나온다. 이를 감안해볼 때, 아무리 자신 있는 문장이라도 지나치지 말고, 또 머리로만 연습하지 말고 언제 어디서든 '입'을 통해 '반복! 또 반복!' 해서 '저절로' '아무 생각 없이' 일본어가 자연스럽게 나올 수 있도록 듣고 따라 해서 입과 귀를 혹사시키자.

5. 언어 학습법의 최고봉 '섀도잉'을 최대한 활용하자

(참고 : 오현숙, 『섀도잉 일본어』, 씨앤톡, 2007년)

섀도잉이란?

섀도잉shadowing이란 영어의 shadow그림자에서 나온 말로, 마치 그림자처럼 들리는 소리를 늦지 않게 바로 소리 따라하는 것, 즉 모델 음성을 들은 직후에 거의 간격을 두지 않고, 앵무새처럼 그대로 따라하는 것을 말한다. 어찌보면 섀도잉은 남의 그림자를 졸졸 따라다니며 밟는 그림자밟기놀이와 같다고도 볼 수 있다.

섀도잉은 원래 전문통역사를 양성하기 위한 프로그램 중의 하나였다. 동시통역에서는 외국어를 듣고 동시에 바로 한국어로 통역을 한다. 그러나 동시에 통역하는 일은 하루아침에 이루어질 수 있는 일이 아니다. 그리하여 그 전단계로서 한국어 통역으로 바로 들어가지 않고 단순히 들려오는 외국어를 일단 그대로 기억해두고, 그것을 가능한 늦지 않도록 따라하는 연습을 한다. 이렇게 섀도잉은 동시통역이나 순차통역 지망생들을 위한 훈련법이다.

이렇게 말씀드리면 혹자 중에는 "뭐 통역까지야 바라겠어? 그런 건 나하고는 관계없는 일 같은데?"라고 생각하는 사람도 있을 수 있겠다.

그러나 섀도잉은 꼭 통역사를 지망하지 않더라도 실제로 듣기능력향상과 발음교정 등, 초보학습자에게도 상당히 유용한 학습법이다. 자신에게 맞는 자료를 이용하여 열심히 훈련하다보면 상당히 빠른 시일 안에 듣기능력이 향상되고 발음이 교정될 수 있다.

외국어에 자신이 있는 사람도 마찬가지이다. 실제로 외국어로 나오는 TV를 보면 다 알아듣고 있다고 생각했는데, 정작 따라 하려면 쉽게 되지 않았던 경험을 가진 독자들이 많을 것이다. 이런 경우, 섀도잉을 하면 악센트, 인토네이션, 발음 교정 등에 도움을 받을 수 있고, 외국어의 리듬을 익힐 수 있다. 섀도잉은 외국어를 그림자처럼 따라하는 연습이기 때문에, 리듬, 인토네이션, 악센트, 발음 등을 자연스럽게 체득하는 데 도움이 된다.

이러한 섀도잉 학습법의 효과를 일반적인 외국어 교육에 응용하고, 그 효과를 학문적으로 입증하려는 연구가 본격적으로 행해지기 시작하여, 섀도잉이 언어교육에 아주 탁월한 효과가 있음이 밝혀졌다. 이 연구에 따르면 매일 5회에 걸쳐 섀도잉 연습을 시킨 그룹은 단순히 읽고 따라 하기 연습만 한 그룹에 비해 리스닝 능력, 리피팅 능력, 발음 속도 등이 눈에 띄게 향상되었을 뿐만 아니라, 메모리 능력 및 어휘 능력 또한 향상되었다는 보고가 있다. 이렇듯 섀도잉은 일반적인 언어학습방법에도 적극적으로 이용되고 있다.

구체적인 섀도잉 방법

섀도잉은 구두점이나 억양을 무시하고 단조롭게 내리읽거나, 자기 식으로 읽는 것은 절대 금물이다. 앵무새처럼 모델이 되는 음성을 그대로 따라해야 한다. 구체적으로는 텍스트를 보지 말고, 들려주는 모델의 음성을 약간 늦게 쫓아가며 빠짐없이 따라하면 된다. 예컨대 다음과 같은 정도로 사이를 띄고 따라하면 좋다.

わたしはかんこくじんです。(모델 음성)
　　わたしはかんこくじんです。(학습자)

그런데 위의 문장같이 쉽고 간단한 문장만 가지고 해보면 "섀도잉, 그거 뭐 별 거 아니네!"라는 생각이 들 것이다. 그런데, 자꾸 한국어로 무슨 뜻인지 해석하려 드는 자신을 발견하게 될 것이다. 게다가 발음은 또 어떠한가? 아는 문장이기 때문에 더욱 더 지금까지 해 왔던 식으로 발음하고 있지는 않은가? 바로 이 점에 주의해야 한다. 섀도잉에서 가장 중요한 것은 모델이 되는 '음성'을 그대로 따라해야 한다는 점이다. 실제로 길고 발음하기 어려운 문장을 따라해 보면, 빼먹고 지나치는 부분도 많아지고, 생각만큼 따라하지 못하게 될 것이다. 그러나 여러 번 반복하다보면 점차 귀와 입이 열리게 되어 모델의 음성을 따라하는 일이 쉽고 익숙해질 것이다.

섀도잉을 극대화시키기 위해서는?
① 처음부터 텍스트를 보는 것은 금물!
처음에는 듣기능력이 부족하기 때문에 당연히 한 번 듣고서 완벽하

게 섀도잉을 할 수 없다. 이 때 바로 텍스트를 봐 버리면 효과가 줄어든다. 텍스트를 보면 "아, 이런 문장이었구나!"라고 금세 내용파악이 되기 때문에 자신도 모르게 기억 속에 가지고 있던 옛날 발음이 나오고 만다. 그렇게 되면 발음교정효과는 기대할 수 없게 된다. 몇 번 들어도 무슨 내용인지 잘 이해가 되지 않아 짜증스러울 수도 있겠지만, 어쨌든 들리는 대로 따라하는 것이 중요하다. 처음 단계에는 외국어 발성에 익숙지 않기 때문에 더듬거릴 수도 있다. 내용 파악도 중요하겠지만 무엇보다도 리듬, 인토네이션, 발음, 띄어 읽기 등에 주의를 기울이면서 따라하도록 하자. 다만 텍스트를 수 없이 반복해서 들었는데도 도저히 들리지 않는 경우에는 보는 것이 좋다.

② 모델음성보다 너무 늦지 않게

모델음성보다 너무 늦게 따라하게 되면 기억력의 한계로 효과가 줄어들게 된다. 일본어의 경우 3~4글자 정도의 차이를 두고 따라하는 것이 좋다.

③ 운율prosody적 특징에 유의할 것

의미 파악보다는 모델 음성의 리듬이나 인토네이션 등, 운율prosody적 특징에 집중해서 섀도잉을 하는 것이 중요하다. 섀도잉의 1차 목적은 의미이해가 아니라, 모델음성을 따라하는 것이다. 따라서 모델음성의 리듬이나 인토네이션과 같은 운율적 특징을 제대로 파악하고 그대로 반복하는 습관을 기르도록 해야 하다.

④ 섀도잉 횟수는 20에서 100회 정도

　보통 수준의 외국어 학습자가 섀도잉을 할 경우, 텍스트를 한두 번 섀도잉하는 것 가지고는 전혀 효과를 기대할 수 없다. 섀도잉의 효과를 피부로 느끼기 위해서는 같은 텍스트를 가지고 수십 번 반복하는 것이 중요하다. 학습자의 수준이나 텍스트의 난이도에 따라 다르긴 하겠지만, 20회에서 100회 정도까지 거의 외울 정도로 반복하는 것이 좋다.

⑤ 자신의 아킬레스건을 찾아라!

　 같은 텍스트를 가지고 여러 번 반복하다보면 안 들리던 것도 들리게 되고, 혀가 꼬여 잘 발음되지 않던 것도 발음할 수 있게 된다. 그런데 수십 번 들어도 도저히 안 들리는 것, 도저히 원어민처럼 발음이 안 되는 부분이 있을 것이다. 이 부분이 바로 여러분 '자신만의 아킬레스건'이라고 생각하면 좋다. 이런 부분은 꼭 체크를 해 놓고 몇 번이고 반복해서 연습해보는 노력이 중요하다.

최상의 효과를 내기 위한 본서의 섀도잉 순서

　섀도잉 연습의 효과가 극대화하기 위해서는 본격적인 섀도잉 외에도, 듣기, 멈블링(중얼거리며 따라하기), 싱크로 리딩(동시에 읽기) 등 보조 방식을 곁들여 하는 것이 좋다.

　섀도잉 순서는 아래에 기술해 놓은 차례에 준해서 하면 된다. 또한 횟수는 텍스트의 난이도에 따라, 혹은 학습자 자신의 실력 등에 따라 조절하면 된다.

① 듣기

텍스트를 보지 않고 모델음성을 들으면서 텍스트의 내용과 음성적인 특성을 파악하다. 잘 들리지 않거나 무슨 내용인지 전혀 알 수 없는 경우에는 여러 번 반복해서 들어보도록 하자. 텍스트의 내용파악도 우리말로 하는 것이 아닌 외국어로 하는 습관을 기르도록 하자.

② 멈블링 mumbling

멈블링이란 '텍스트를 보지 않고 들으면서 중얼거리듯이 따라하는 것'을 말한다. 섀도잉방법과 똑같지만 중얼거리는 것처럼 작게 소리내는 것이 포인트이다. 섀도잉을 위한 준비 작업이라고도 할 수 있으며, 섀도잉에 대한 두려움을 없애는 단계라고 할 수 있다. 설령 따라하지 못하고 빼먹는 부분이 있더라도 너무 신경을 쓰지 않도록 한다. 바로 섀도잉할 자신이 없는 경우에는 멈블링을 여러 번 하는 것도 좋은 방법이다.

③ 1차 섀도잉

멈블링에 어느 정도 자신감을 가지게 되면 본격적인 섀도잉으로 들어간다. 처음 몇 구절은 쉽게 따라하겠지만, 조금 더 진행이 되다보면 빼먹기도 하고 잘 들리지 않는 등 여러 가지 난점이 보이는 단계이다. 몇 번 더 반복하다 보면 거듭해서 빼먹는 부분이 나올 것이다. 다음 단계인 딕테이션과 의미 확인 부분에서 이 부분은 표시를 해 놓고 유의해서 보도록 하자. 이 작업은 굉장히 중요하다. 왜냐하면 잘 듣지 못하거나 혹은 들려도 발음상에 문제가 있는, 이른 바 '자신만의 아킬레스건'을 찾을 수 있기 때문이다. 1차 섀도잉이 어려운 경우에는 멈블링으로 돌아가서 좀 더 모델의 소리에 귀 기울이는 것이 좋다.

④ 싱크로 리딩 SR: synchro reading

싱크로 리딩이란, 텍스트를 보면서 오디오 기기에서 흘러나오는 소리를 그대로 따라 읽는 것을 말한다. 여기서 주의해야 할 점은 자기 마음대로 읽는 것이 아니라, 어디까지나 모델의 음성과 똑 같이 읽도록 해야 한다는 것이다. 모델의 악센트, 인토네이션, 리듬, 등을 그대로 따라하는 것이 중요하다. 이런 식으로 연습하다보면 인토네이션이나 악센트, 포즈 등 원어민의 발음에 자연스럽게 동화될 수 있게 된다. 이처럼 싱크로 리딩은 모델의 음성을 동시에 따라읽기 때문에 발음 교정에는 최고의 연습 방법이라고 할 수 있다. 또한 텍스트를 보면서 따라읽는 것이기 때문에 섀도잉에 대한 두려움이 거의 없다.

⑤ 2차 섀도잉

싱크로 리딩에서 발음에 대한 자신이 붙게 되면 섀도잉에 대한 두려움은 완전히 사라졌다고 해도 과언이 아니다. 리듬이나 인토네이션, 악센트, 빠르기 등에 유의하면서 섀도잉을 반복한다. 2차 섀도잉이 잘 되지 않을 경우는 다시 싱크로리딩으로 돌아가서 연습한 후에 재도전 해보는 것이 좋다.

⑥ 녹음하며 섀도잉 및 자가진단

자신의 섀도잉을 직접 녹음해 보도록 한다. 오디오 기기를 틀어놓고 섀도잉하면서 녹음해본다. 모델음성과 비교해 가면서 바르게 섀도잉되고 있는지 확인한다. 객관적으로 모델음성 얼마나 차이가 있는지 확인이 가능하기 때문에 자신의 취약점을 쉽게 발견할 수 있으며, 시간이 지남에 따라 자신의 향상된 실력도 확인할 수 있기 때문에 꼭 필요한 작업이다.

6. 외국어 학습을 위한 금언

① **외국어를 배울 때는 얼굴이 두꺼워야 한다.** 얼굴에 철판을 깔아라.
틀리면 어쩌지, 혹은 부끄러워서, 나잇살이나 먹은 주제에, 떠듬거리며 하는 것이 우스꽝스러워서, 등의 이유로 일본어를 입으로 연습하지 않으려는 학생이 많은데, "참 뻔뻔하다. 저 실력으로 일본어를 하다니," "야! 쟤 얼굴 참 두껍다!"라는 말을 들을 정도로 적극적으로 말해보는 태도가 필요하다는 말씀.

② **외국어의 천적은 부끄러움이다.**
부끄러워서 소극적인 태도를 취하면 적극적인 사람보다 훨씬 발전 속도가 늦다.

③ **외국어를 배울 때는 침묵이 금이 아니다. '수다맨'이 되라.**
가급적이면 수다를 많이 떨어라. 단, 수다는 '일본어'로! 되든 안 되든.

④ **서당개 삼 년에 풍월 읊는다.**
꾸준히 반복해서 연습하다 보면 처음에는 어려워서 잘 따라하지 못했던 문장들이 자연스럽게 술술 물 흐르듯이 나오게 된다.

⑤ **틀리는 것이 외국어 발전의 지름길.**
흔히 "틀리면 어쩌나?" 하는 걱정 탓에 대답을 잘 안 하는 등, 소극적인 태도를 취하는 경우가 많은데 자신이 틀려서 부끄러워했던 것은 기억에서 잘 지워지지 않는 법이므로 자주 틀리는 것은 오히려 실력향상의 비결이 된다.

외국어를 가르칠 때 느끼는 가장 큰 불만은 학생들의 소극적인 태도다. '나는 안 돼'식의 태도를 나타내는 원인으로는 '부끄러움을 잘 탄다' 든지, '원래 말이 없는 성격'이라든지, '틀리면 어쩌나 하는 걱정,' 혹은 '일본어 발음을 그대로 해보는 것이 쑥스럽다' 든지… 등을 꼽을 수 있다. 외국어를 배우려면 바로 이러한 것을 과감히 버려야 한다.

7. 그날 배운 문장은 그날 써 먹어라

8. 하루에 못해도 세 문장씩은 외워라

9. 완벽한 문장이 되지 않더라도 가능한 한 일본어만 사용하자

자신 있게 문장을 만들 수 있는 경우에만 일본어를 하면 실력은 늘지 않는다. 단어 하나만 집어넣더라도 일본어로 말하려는 습관을 기르자.

10. "티끌 모아 태산!" 자투리 시간을 활용하라

일본어 공부 시간을 따로 정해둘 수 없을 경우라면 이동시간이나 휴식시간 등을 이용해서 공부하는 습관을 길러야 한다. 특히 이동시간이 길 경우에 섀도잉이나 단어 외우기 등을 하면 좋다.

11. 손바닥 크기의 일본어 공부수첩을 늘 가지고 다녀라

작은 공부수첩을 마련하여 한쪽 면에는 일본어를, 반대 면에는 한국어를 적어두고 일본어를 보면 한국어를 말해보고, 한국어를 보면 일본어를 말해보는 연습도 열심히 하라.

12. 텍스트 이외의 자료를 활용하라

텍스트에만 의존하지 말고 신문, 잡지, 만화, 인터넷에서 뽑은 자료, 요리 레시피, 영화, 카탈로그 등, 자신이 좋아하는 분야의 자료부터 시작해서 범위를 넓혀나가면서 모든 분야의 자료를 섭렵하라.

13. 시청각자료를 활용하라

NHK 위성방송과 그 밖의 일본 민영방송의 프로그램을 시청하거나, 유투브 등에 나오는 드라마나 영화, 혹은 애니메이션 등을 자주 보라.

요즘은 인터넷이 발전하여 내 방에서 모든 나라의 방송을 볼 수 있는 시대가 됐다. 특히 일본의 공영방송인 NHK는 가장 바른 일본어를 구사하기 때문에 정확하고 품격 높은 일본어를 배우는데 가장 적합하다. 뉴스는 리스닝을 향상시키고 어휘와 문장 능력을 높일 수 있다는 장점 외에도 시사용어와 전문용어 등을 자연스럽게 익힐 수 있는 기회를 제공하며, 사회적인 이슈에 대한 이해의 폭을 넓히는 데 보탬이 된다.

NHK BS1에서는 아침, 정오, 저녁 뉴스는 물론, 시간 단위(매시 50분)마다 뉴스를 방송하기 때문에 자신에게 맞는 시간에 보면 된다. 드라마는 BS2에서 7시 30분부터 8시까지 방영하는 두 편이 있는데, 아침드라마는 일본색이 짙은 작품이 많기 때문에 일본어는 물론 일본의 문화를 이해하는 데에도 많은 도움이 될 것이다. 이 시간에 볼 수 없는 학생들은 비디오로 예약 녹화를 하거나 토요일 오전에 일주일 분을 한꺼번에 방영하는 것을 보면 된다.

드라마는 구어체 표현을 익히는 데 더없이 좋은 교재가 된다. 일본인의 사고방식과 행동양식, 인간관계, 여자말, 남자말, 어린이말, 경어, 속어 등을 다양하게 접할 수 있기 때문이다.

또한, 아사히, 요미우리 등, 민영방송 프로그램도 활용하여 다양한 표현을 익히자. 뉴스 중에는 기사가 스크립트로 나와 있는 경우가 있기 때문에, 듣기와 번역, 작문 연습에도 아주 유용하게 쓰인다.

이외에도 영화와 애니메이션 등도 자주 보아 일본어 능력 향상은 물론, 일본의 사회/문화에 대한 간접적 경험도 쌓으라. 특히 통역사 지망생에게 이상과 같은 시청각 자료는 '섀도잉 훈련'에 가장 유용한 자료가 된다.

14. 텍스트에 나온 대화문을 등장인물의 성격(성별, 연령, 계층 등)이나 등장인물의 관계, 혹은 상황을 바꾸어 이야기해보자

남자말, 여자말, 어린이말, 경어, 속어, 연령에 따른 언어를 익히고, 텍스트의 문장을 바꾸어 말하는 연습을 해보자. 특히 종조사, 축약표현 등에 유의하면서 자연스러운 일본어를 구사해 보자.

15. 문화/역사/사회 학습과 공존하는 외국어 학습

일본어 능력은 '정확도 accuracy' (발음, 악센트, 억양, 문법, 문형의 사용법)와 '유창함/거침없음 fluency' (대화의 구성력, 속도, 非언어행동, 일본인의 언어행동에 대한 이해)의 두 가지 측면에서 평가가 가능하다고 본다. '올바른 일본어' '살아있는 일본어' '일본어다운 일본어'를 구사하려면 우선 어법에 맞는 일본어를 구사해야 한다. 하지만 자연스럽고도 일본어다운 '일본어'를 구사하려면, 일본의 역사/사회/문화에 대한 지식을 쌓는 것이 무엇보다도 중요하다. 언어의 특성은 문화성과 역사성 및 사회성으로 이루어져 있으므로 해당 국가의 역사와 사회 및 문화에 대한 지식이 없으면 올바른 언어구사가 불가능하다. 그러므로 일본의 역사/사회/문화를 바르게 이해해야 일본인의 사고방식과 행동양식, 가치관 및 감각 등을 이해할 수 있고, 이를 바탕으로 일본인의 언어습관을 비롯하여 일본인이 좋아하는 표현 등을 자연스럽게 이해하고 익힐 수 있게 되는 것이다.

16. 자신만의 노트, 자신만의 단어장을 만들어라

세상에서 하나밖에 없는 나만의 노트, '○○식 노트, ○○식 단어장'을 만들라.

필자는 강의를 들을 때 직접 노트에 정리를 한 적이 없다. 연습장에 기록할 수 있는 모든 내용을 적은 뒤 집에 와서 노트에 옮기는 것이 대학 때부터 이어온 나만의 노트 기록법이다.

우선, 노트를 왼쪽과 오른쪽을 분리하여 왼쪽에는 교수님의 강의내용을 기록한다. 단순히 교수님께서 말씀하신 내용만 적는 것이 아니라, 스스로 찾은 사전이나 기타 자료 등도 자세히 기록해 둔다. 오른쪽에는 강의내용의 의문점과 이해가 가지 않는 내용, 좀더 부가해서 논의해야할 내용, 다음 수업 예습 등을 기록해 둔다. 다음 시간에 질문으로 의문점 등을 해결하는데 이렇게 하면 강의 내용을 완벽하게 이해할 수 있기 때문에 남보다 좋은 답안지를 작성할 수 있다. 아울러 노트 정리만으로도 예습과 복습 효과를 볼 수 있으므로 벼락공부하다가 벼락 맞는 일 따위는 없다.

17. 귀여운 사전은 물러가라
글이 깨알처럼 잔뜩 박힌 두꺼운 것으로
사전은 종류별로 두루두루 갖추라

한일사전, 일한사전, 일본어 국어사전, 한자읽기사전, 가타카나어 사전, 유의어사전, 인명사전, 지명사전, 악센트 사전 등 될 수 있는 한 여러 종류의 사전을, 가급적 두꺼운 사전을 구비하여 틈나는 대로 보라.

최승호

서울외대 통번역대학원 졸업
한국외대 경영대학원 졸업
질병관리본부 국립보건연구원 선임연구원

잠실종합운동장 주경기장 리모델링 설계
한국-이란 경제공동위원회
우정사업본부 펀드 매니지먼트 RFP
LG 그룹 예비경영자과정 MBA
제주특별자치도 도지사 연설문 감수
박원순 서울시장 초대글
문화체육관광부 장관 축사
여성가족부 장관 UN 연설문
2014 울릉군 국제학술회의

> 번역을 제대로 하는 사람은
> 참으로 찾아보기 힘들다

한영번역의 접근법

 번역을 업으로 생각하고 있는 사람이라면 "시장에서 비싼 수임료를 받고 번역을 하려면 번역의 완성도가 얼마나 되어야 할까?"라는 생각을 한 번쯤 해 보았을 것이다. 여기서 필자는 번역의 완성도를 높이기 위한 노하우를 소개하고자 한다. 필자보다 실력이 훨씬 좋고 경험이 더욱 풍부한 전문가들의 시각에서 보았을 때 필자가 소개하는 노하우에 오류가 있을 수 있으나, 어디까지나 필자 개인의 노하우이고 접근법이지 정답은 아니라는 점을 미리 밝히고자 한다.

 전문 번역 일을 하다보면 영한번역이든 한영번역이든, 번역을 제대로 하는 사람들은 소수에 불과하다고 생각하고는 한다. 문서 유형의 특성에 맞도록 언어의 문체를 조정하지 못하거나 의미에 오류가 있거나 단어 조합, 문장과 글의 흐름, 가독성 등에서 수정이 필요하거나 완전히 바꾸어 다시 써야 하는 번역문을 보았을 때 번역을 잘하는 사람을 찾기가 어렵다는 생각을 하게 된다.

이러한 생각은 비단 필자뿐 아니라 수준 높은 번역을 하고자 하는 전문 번역사라면 누구나 하는 듯하다. 한 지인도 필자와 이런 이야기를 나눈 적이 있다. 동시통역 및 전문번역 등 통번역 이력이 매우 인상적이었으나 실제로 번역을 맡기고 결과물을 받아보았을 때 결과가 기대에 못 미쳤고 매우 실망스러운 수준이었기 때문에 번역문서 전체를 모두 수정하고 다시 번역했다며 "번역을 제대로 하는 사람은 참으로 찾아보기 힘들다"고 필자에게 불만을 토로하기도 했다.

좋은 평가를 받는 접근법 1

그렇다면 번역을 어떻게 해야 비싼 수임료를 받고 시장에서 수용 가능한 결과물을 만들어낼 수 있을까? 더 나아가서 어떻게 해야 자신을 다른 전문가들과 차별화시킬 수 있을까? 한 문장을 번역할 때도 장시간 동안 많은 고민을 하고 번역 결과물에 대해서는 신뢰할 수 있는 전문가의 검토를 받는 과정을 오랜 기간 반복하게 되면 시장에서 좋은 평가를 받는 번역 결과물을 만들어낼 수 있다고 생각한다. 번역 연차와 경험만 많다고 해서 번역을 잘할 수 있는 것은 아니다. 혼자서 번역을 검토하고 마무리하게 되면 아무리 번역을 오래 했어도 무엇이 잘못되었는지 절대로 알 수 없고 좋은 결과물을 만들어낼 수 없다. 번역이 아주 잘 되었고 오류가 없다고 스스로 확신하더라도 실력 있는 전문가의 검토를 거치게 되면 오류가 많고 번역이 매우 잘못되었다는 것이 쉽게 드러나게 된다.

노련한 번역가들은 조금 덜할 수도 있지만 번역을 처음 시작하는 사람들은 문장 하나하나를 자연스러운 문장으로 옮기는 일이 얼마나 지난한 일인지 경험을 통해서 알고 있을 것이다. 번역 입문자들의 경우 번역이 이렇듯 쉽게 되는 작업이 아니지만 좋은 번역이 나오기 위해서는 입문자든 베테랑이든 단순히 번역 연습에서 끝나서는 안 된다. 영어로 많이 읽고 써 보고 들어보고 말해 보아야 하고 통역 연습도 필요하다고 생각한다. 이러한 요소들이 결합되었을 때 필력이 나오기 때문이다. 신문, 소설, 보고서, 희곡 등 다양한 장르의 영어 원서를 읽어 보아야 하고, 영화, 뉴스, 인터뷰, 동영상 등 폭 넓게 들어보아야 한다. 그리고 직접 영어로 말하고 토론도 해 보아야 한다.

> **다양한 장르의 원서를 읽고
> 영어로 말하고 토론하라**

좋은 평가를 받는 접근법 2

그러나 실제 시장에서 수행하게 되는 번역작업은 이러한 노력으로는 해결될 수 없을 뿐 아니라 이러한 노력은 초보적인 단계에 불과하다. 실제로 의뢰가 들어오는 작업은 전문용어와 전문지식이 있어야 해결 가능한 전문 분야의 번역이기 때문이다. 따라서 시장에서 전문번역을 제대로 해내기 위해서는 앞서 언급한 복합적인 언어학습 및 좋은 영어 문장력 이외에도 해당 분야에 대한 전문지식과 전문용어를 늘리는 작업이 수반되어야 한다. 쉬운 예로, 건축 분야 번역 시 '위계가 낮은 도로roads lower in the road hierarchy'를 번역하기 위해서는 '도로의 위계'가 무엇을 의미하는지 알아야 하고 해당 전문용어도 알아야 한다. 금융 투자 분야의 경우 '보수차감전수익률'을 영어로 옮기려고 할 때 'gross-of-fees return'이라는 전문용어를 모르면 업계에서 요구하는 적합한 번역을 할 수 없다.

좋은 평가를 받는 접근법 3

영어로 글을 쓰는 사람들이 자주 간과하는 부분이 '문장부호'의 사용이다. 원어민이 쓴 글에서도 잘못된 '문장부호 사례'를 쉽게 찾아볼 수 있다. 글이 어법상 문제가 없더라도 문장부호를 잘못 사용하게 되면 최종 마무리 작업이 안 된 것이나 다름없다. 콜론(쌍점)과 세미콜론(쌍반점), 하이픈(붙임표), 엠대시, 물결표(~) 등 부호를 잘못 쓰는 경우가 빈번하다.

실제 번역의 예시

백문百聞이 불여일견不如一見이기 때문에 독자들의 이해를 돕기 위해 짧은 번역의 예시를 통해 설명하고자 한다. 저작권 및 기밀유지 등의 문제 때문에 필자가 의뢰 받았던 번역 건은 여기서는 다루지 않고 일반에 공개된 정치적 연설문을 예시로 사용하였다. 다음은 故 김대중 전임 대통령의 취임사 일부이다.

한글 원문

존경하고 사랑하는 국민 여러분! 오늘 저는 대한민국 제15대 대통령에 취임하게 되었습니다. 정부수립 50년 만에 처음 이루어진 여야 간 정권교체를 여러분과 함께 기뻐하면서 온갖 시련과 장벽을 넘어 진정한 '국민의 정부'를 탄생시킨 국민 여러분께 찬양과 감사의 말씀을 드리는 바입니다.

영어 번역문

My honourable and beloved people:

Today, I have been granted the honour of taking office as the 15th President of the Republic of Korea. With joy and pride, I would like to share my great pleasure with you on the historic transfer of power from the ruling to the opposition party. This significant milestone has finally been achieved for the first time in 50 years through a democratic presidential election since the government of the Republic of Korea was established in 1948. I would also like to express my extollment and gratitude to the public for making important contributions to creating a true 'government of the people' despite all kinds of ordeals and barriers in the way.

한영 번역에서 오역을 줄이는 데 있어 해당 분야의 전문지식과 전문용어, 배경지식, 그리고 한글 원문의 해석이 매우 중요하다. 해당 내용에 대한 주변 지식이 부족하거나 해석상의 오류가 발생하면 정확한 의미를 옮길 수 없기 때문이다.

1. 정부수립 50년 만에 처음 이루어진 여야 간 정권교체를 여러 분과 함께 기뻐하면서

여기에서 "50년 만에 처음 이루어진 여야 간 정권교체를 여러분과 함께 기뻐하면서"란 '정권교체가 50년 만에 처음으로 이루어졌고, 국민들이 참여한 선거를 통해서 이루어졌기 때문에 국민들과 함께 이러한 성취를 기뻐한다'라는 뜻으로 해석할 수 있다. 그리고 "기뻐하다"는 단순히 '기쁘다'는 의미라

기보다는 '투표를 통해 50년 만에 이루어진 역사적 의미가 있는 성취'이기 때문에 '자랑스럽고 기쁘다'라는 의미가 내포되어 있다. 따라서 영어로 번역 시 이러한 의미를 살려서 번역해야 한다.

또한 한 가지 유의해야 할 점은 비슷한 뜻을 가진 단어가 여러 개 있기 때문에 각 단어의 뉘앙스를 파악해서 단어마다 문맥에 맞게 사용해야 한다는 것이다. 가령, 이 연설문에서 "정권교체"는 '독재정권의 교체'가 아니라 '여야 간 정권교체'의 의미이기 때문에 regime을 사용해서는 안 되고 power를 사용해야 한다. regime은 독재정권을 뜻하기 때문이다. 이러한 고려 사항들을 반영해서 아래와 같이 번역할 수 있다.

With joy and pride, I would like to share my great pleasure with you on the historic transfer of power from the ruling to the opposition party. This significant milestone has finally been achieved for the first time in 50 years through a democratic presidential election since the government of the Republic of Korea was established in 1948.

2. '국민의 정부'를 탄생시킨 국민

여기에서는 원문의 해석이 매우 중요하다. 단순히 '국민이 국민의 정부를 탄생시켰다'라고 해석하게 되면 의미의 오류가 발생할 소지가 있다. 영어식 사고에서는 '국민의 정부 탄생에 국민들만 100% 기여했다'로 해석될 수 있기 때문이다. '국민이 중요한 역할을 했지만 다른 요인들도 작용해서 국민의 정부가 탄생했다'라고 해석하는 것이 보다 합리적이다. 따라서 'help create the government of the people,' 또는 'make important contributions to creating the government of the people'과 같이 영어로 옮겨야 적절하다.

> **"**
> *경력과 경험이 많다고 해서*
> *번역을 잘한다는 보장은 없다*
> **"**

영어 실력을 늘리려면?

영어 실력을 어떻게 하면 늘릴 수 있을까? 한 가지 분명한 사실은 언어는 한 순간에 빠르게 늘지 않는다는 것이다. 언어의 속성상 한 번에 두 발짝씩 나갈 수 없고 한 번에 한 발씩밖에는 못 나간다. 압축해서 많은 연습량을 단시간에 소화하더라도 결국 한 발짝씩밖에는 실력이 늘지 않는다. 언어 실력이 늘어나려면 시간을 두고 기다려야 한다. 콩나물에 물을 주는 것과 같다. 한 번 물을 주었다고 콩나물이 곧바로 자라나지는 않는다.

청취

청취력을 늘리기 위해서는 많이 듣는 수밖에는 없다. CNN, BBC, CBS, SKY NEWS, 동영상, 영화 등 장르를 가리지 말고 집중해서 많이 들어야 한다. 유아기 때부터 현지에서 생활한 교포가 아니라면 청취 연습은 평생 해야 한다. 모국어처럼 알아들을 수 있을 정도로 청취력을 향상시키기는 것은 매우 어렵다. 2년 동안 매일 6시간씩 집중적으로 청취 연습을 해도 영어 뉴스, 영화, 동영상 등을 한 번만 듣고 정확히 알아듣기는 힘들다. 필자도 지금까지 청취연습을 하고 있고 매일은 아니더라도 일주일에 4~5일은 잠을 잘 때도 영어 방송을 틀어놓는다. 청취력 향상의 왕도는 없다. 무조건 많이 들어야 한다.

청취 연습을 할 때 그냥 집중해서 듣기보다는 받아쓰기 연습을 하거나 짧게 끊어서 정확하게 따라서 말하거나, 역량이 된다면 길게 끊어서 문장을 모두 기억해서 그대로 따라 말하는 연습이 도움이 된다. 청취 시에는 단어보다는 의미에 집중해서 들어야 한다. 공부량에 따라서 개인차가 있겠지만 받아쓰기 연습, 짧게 또는 길게 끊어서 따라 말하는 연습은 학습 초기에는 피할 수 없는 과정이다.

그러나 이렇게 청취연습만 한다고 해서 청취력이 향상되는 것은 아니다. 문장을 한 번 듣고 의미를 이해해야 하기 때문에 독해력도 필요하다. 읽기, 쓰기, 말하기, 듣기 등 모든 부분이 유기적으로 연결되어 있고 상호보완적이기 때문에 영어 실력을 늘리기 위해서는 모든 부분을 동시에 학습해야 한다.

독해

독해를 늘리는 방법에도 왕도는 없다. 많이 읽어보아야 한다. 영어 원서, 신문, 보고서, 다양한 자료집 등을 가리지 않고 읽어야 하고, 독서량이 쌓이면 한글로 된 책을 읽듯이 큰 부담 없이 영어로 된 글을 읽을 수 있다. 다양한 영어 표현들은 많이 읽고 들으면 의식적으로 외우려고 하지 않아도 머릿속에 남는다.

말하기

말하기도 마찬가지로 많이 말을 해 보아야 한다. 통역과 말하기는 다르다. 통역은 화자의 말을 영어 또는 한국어로 옮기는 작업이기 때문에 무슨 말을 옮겨야 할지 내용이 정해져 있다. 따라서 빠르게 한국어 또는 영어로 말을 할 수 있는 반면, 말하기는 다르다. 본인의 생각을 정리하면서 또는 아이디어를 생각해 내면서 말을 해야 하기 때문이다.

우리말도 그렇지만 말은 많이 하면 할수록 잘하게 된다. 문법이 틀리든 맞든 상관하지 말고 그냥 영어로 말을 많이 하는 연습을 하면 문법은 자연적으로 교정이 되고 말도 잘하게 된다. 영어가 모국어가 아니기 때문에 문법이 틀리고 문장이 자연스럽지 않은 것은 당연한 것이고 창피해할 이유가 없다. 단, 다독多讀과 다청多聽이 수반되어야 한다. 그래야 문장의 세련미를 향상시킬 수 있기 때문이다.

> **문법은 말을 하는 연습으로
> 자연히 교정된다**

주변의 지인에게 영어 학습에서 어려운 점이 무엇인지에 대해 물어본 적이 있는데, "내가 말하고 싶은 것을 뉘앙스까지 영어로 100퍼센트 전달할 수 있을까?"라는 질문을 받았다. 충분히 가능하다고 생각한다. 영어 드라마, 영화, 뉴스, 인터넷 동영상 등 많이 들어보고, 여러 가지 장르의 글을 많이 읽어보고, 말하기 연습도 많이 하면 가능하다.

필자가 '많이'라는 단어를 자주 사용했는데, '많이'의 양은 정해진 것이 없다. 본인이 목표로 한 영어실력에 도달하는 데 필요한 연습량과 시간을 말한다. 앞서 언급했듯이, 청취력 향상 하나만 보더라도, 보통 2년 동안 집중해서 매일 6시간씩 청취 연습을 하더라도 영어를 한 번만 듣고 정확하게 알아들을 수 있을 만큼 청취력이 쉽게 향상되지는 않는다. 여기에 더해서 읽기, 쓰기, 말하기 연습도 해야 하기 때문에 영어를 편하게 사용할 수 있을 만큼 공부하기란 쉽지 않다.

쓰기

영어로 많이 읽고, 듣고, 말하고, 글로 써보아야 하고, 영어로 번역도 해 보아야 한다. 영어 실력을 늘리기 위해서는 총체적으로 접근해야 하고 왕도가 없다. 비법은 다독多讀, 다청多聽, 다화多話, 다작多作이다.

> 번역을 제대로 하는 사람은
> 참으로 찾아보기 힘들다

통역사들은 어떻게 어학의 달인이 되었을까? 시즌 2

글 쓴 이 김병두 김원아 곽은경 김지은 문소현 이주아 이주연 오현숙 최승호
펴 낸 곳 투나미스
발 행 인 유지훈
교정교열 편집팀
초판인쇄 2020년 2월 10일
초판발행 2020년 2월 29일

출판등록 2016년 06월 20일
출판신고 제2016-000059호

주   소 수원 팔달구 정조로 735 3층
이 메 일 ouilove2@hanmail.net
홈페이지 http://www.tunamis.co.kr
ISBN 979-11-87632-93-1 (03700)

* 이 책은 저작권법에 따라 보호 받는 저작물이므로 무단 전재와 복제를 금하며, 내용의 전부 혹은 일부를 이용하려면 반드시 저작권자와 투나미스의 서면 동의를 받아야 합니다.
* 잘못된 책은 구입처에서 바꿔 드립니다.
* 책값은 뒤표지에 있습니다.